Gönnen und Neiden

Brigitte Dorst / Christiane Neuen / Wolfgang Teichert (Hg.)

Gönnen und Neiden

Psychotherapeutische und gesellschaftliche Aspekte

Mit einem Vorwort von Verena Kast
und Beiträgen von Petra Bahr, Thomas Jorberg, Verena Kast,
Marga Löwer-Hirsch, Wunibald Müller, Wolfgang Teichert,
Doris Titze, Alina Treiger, Ralf T. Vogel

Patmos Verlag

Veröffentlichungen der Internationalen Gesellschaft
für Tiefenpsychologie e. V.
Geschäftsstelle: Postfach 701080, D-81310 München

Diesen Band erhalten die Mitglieder der Gesellschaft als Dokumentation über ihre
Arbeit. Der Gesellschaft gehören als Mitglieder an: Ärztinnen und Ärzte, Seelsorge-
rinnen und Seelsorger, Psychotherapeutinnen und Psychotherapeuten, Psychagoginnen
und Psychagogen, Psychologinnen und Psychologen, Pädagoginnen und Pädagogen,
Juristinnen und Juristen, Sozialarbeiterinnen und Sozialarbeiter, im Heilberuf Tätige.
Das Thema der Jahrestagung 2011 war »Gönnen und Neiden. Psychotherapeutische
und gesellschaftliche Aspekte«.
Die Vorträge wurden durch Kurse und Gruppenarbeit vertieft und ergänzt.

MIX
Papier aus verantwor-
tungsvollen Quellen
FSC
www.fsc.org FSC® C006701

Für die Schwabenverlag AG ist Nachhaltigkeit ein wichtiger Maßstab ihres Handelns.
Wir achten daher auf den Einsatz umweltschonender Ressourcen und Materialien.
Dieses Buch wurde auf FSC®-zertifiziertem Papier gedruckt. FSC (Forest Stewardship
Council®) ist eine nicht staatliche, gemeinnützige Organisation, die sich für eine ökolo-
gische und sozial verantwortliche Nutzung der Wälder unserer Erde einsetzt.

Bibliografische Information der Deutschen Nationalbibliothek
Die Deutsche Nationalbibliothek verzeichnet diese Publikation in der
Deutschen Nationalbibliografie; detaillierte bibliografische Daten sind
im Internet über http://dnb.d-nb.de abrufbar.

Umschlaggestaltung: Finken & Bumiller, Stuttgart
Umschlagabbildung: © kemai/photocase.com
Druck: CPI – Ebner & Spiegel, Ulm
Hergestellt in Deutschland
ISBN 978-3-8436-0221-1

Inhalt

Vorwort

Wenn wir anderen etwas gönnen, erleben wir uns als wohlwollend, großzügig, großherzig. Wir haben Freude am Wohlergehen der anderen, können uns mitfreuen, haben Anteil an dem, was gelungen, was schön, was bewundernswert ist. Wir erfahren uns als in Beziehung stehend zu anderen Menschen in einer Lebenssituation der Fülle.

Sind wir neidisch oder missgünstig, erleben wir einen Stich an Missbehagen angesichts von etwas, das der andere oder die andere hat, finden es ungerecht, sind traurig oder voller Hass und möchten, dass der andere auch nicht hat, worum wir ihn beneiden.

Gönnen und Neiden ereignen sich in menschlichen Beziehungen und haben einen großen Einfluss auf diese. Entweder sind wir gütig, gönnend, liebevoll miteinander verbunden oder aber im Hass fixiert auf den Menschen, den wir beneiden; dann wird die Beziehung unterbrochen, ist vielleicht gar zerstört, und dennoch bleibt man fixiert aufeinander, fast wie in einer Liebesbeziehung.

Wenn in der griechischen Mythologie Tyche auftritt, die Göttin des Glücks und der Fülle (Fortuna bei den Römern), ist sie meistens von der Göttin Nemesis begleitet. Nemesis war ursprünglich eine Göttin der ausgleichenden Gerechtigkeit, für das Gleichgewicht im Leben zuständig. Später wurde sie zur Rachegöttin: Sie rächte Vorkommnisse, die nicht in Ordnung waren, z. B. einen ungesühnten Mord, aber sie trat auch in Aktion, wenn etwas zu viel war, zu groß, zu schön – wenn Tyche wieder einmal zu großzügig gewesen war. Das gibt zu denken!

Wir unterscheiden einen destruktiven Neid, in dem wir die Tendenz haben, dem Neiderregenden zu schaden und etwas zu zerstören, von einem depressiv-lähmenden Neid, der sich darin äußert, dass man überzeugt davon ist, nie zu erreichen, was man beneidet, es aber dennoch dringend haben zu müssen, gerade weil der andere es hat. Dabei zerstört man sich selbst. Und dann gibt es noch den Ehrgeiz stimulierenden Neid, der zum Rivalisieren anregt: Wenn der andere/die andere das kann, dann kann man es selber auch erreichen, wenn man sich nur genug anstrengt.

Einen solchen rivalisierenden Neid gab es zwischen Goethe und Schiller. Goethe war auf den Ruhm des Jüngeren neidisch, sah in ihm »nichts anderes als eine ungute Erinnerung an den eigenen, inzwischen überwundenen Sturm und Drang. Und Schiller sah in Goethe eine *stolze Prüde, der man ein Kind machen muss, um sie vor der Welt zu demütigen.* Es musste einiges geschehen, ehe Schiller an Goethe schreiben konnte: *Wie lebhaft habe ich [...] erfahren, dass es dem Vortrefflichen gegenüber keine Freiheit gibt als die Liebe* und Goethe Schiller gegenüber erklärte: *Sie haben mir eine zweite Jugend verschafft und mich wieder zum Dichter gemacht, welches zu sein ich so gut als aufgehört hatte* (Safranski 2009, S. 12). Liebe ist stärker als Neid.

Der Neid hat auch eine gesellschaftliche Funktion. Aristoteles sah den Neid als ein demokratisches Prinzip, um soziale Gerechtigkeit herzustellen. Er plädierte dabei aber ausschließlich für den öffentlichen, fairen Wettkampf, nicht aber für den privaten Neid. Dass der Neid auch ein gesellschaftliches Problem mit großer Sprengkraft ist, mit einem Potential, Beziehungen zu zerstören, Zusammenarbeit unmöglich zu machen, zeigen auch die vielen kollektiven Bemühungen, den Neid zu minimieren. Das waren etwa die Theorien von der Vorherrschaft einer Elite, oder die verbreitete Überzeugung, dass man im Jenseits für Entbehrungen in dieser Welt belohnt wird, oder aber auch die Sozialutopie der Kibuzim. Gerade dieses Projekt, von dem man sich viel zur Eindämmung von Neid erhofft hat, ist in dieser Beziehung gescheitert. Gleichheit gibt es immer nur vorübergehend, und im Neidmodus sehen Menschen auch Unterschiede, wo keine sind. Ganz abgesehen davon geht es unter Menschen nicht immer gerecht zu.

Menschen sind ab und zu einfach neidisch und handeln missgünstig.

Der Neid ist ein verborgenes Gefühl, man zeigt ihn nicht. In politischen Situationen ist er oft verborgen in einer Kritik, die sich zwar sachlich gebärdet, aber unsachlich ist, nicht wirklich auf die Sache, sondern auf den Mann oder auf die Frau zielt. Versteckter Neid führt dazu, dass man keine gemeinsamen Lösungen finden kann, einander ständig das Gefühl gibt, nicht in Ordnung zu sein. Das aber führt wiederum dazu, dass die Motivation und das Selbstwertgefühl der Einzelnen schwindet.

Es ist, auch wenn es unangenehm ist, unabdingbar wichtig, den eigenen Neid wahrzunehmen und sich zu fragen, ob man wirklich destruktiv handeln will. Es ist aber ebenso wichtig, auch unsere gönnenden Seiten wahrzunehmen: Gesucht werden Formen der Teilhabe, trotz des Neids, der uns ja auch herausfordern kann. Überlegungen aus der Psychotherapie können uns darauf hinweisen, wie der Neid sich maskiert, aber auch, welchen Sinn er hat und wie damit umgegangen werden kann.

Mit diesen und anderen verwandten Fragestellungen befassen sich die einzelnen Beiträge in diesem Buch. Es zeichnet die Internationale Gesellschaft für Tiefenpsychologie (IGT) aus, dass ein Thema aus der Sicht verschiedener Disziplinen behandelt wird. Das macht auch den Reiz der Zusammenstellung der an der Tagung der IGT gehaltenen Vorträge in diesem Band aus.

Mai 2012
Verena Kast

Literatur

Safranski, R. (2009): Goethe und Schiller. Geschichte einer Freundschaft. Hanser, München.

VERENA KAST

Neid und Eifersucht –
auch eine therapeutische Herausforderung

Das Thema von Neid, Eifersucht, Hass und mörderischer Destruktion ist ein Thema, das so alt ist wie die Menschheit. Damit verbunden ist auch das Thema von Ungerechtigkeit, Ungleichheit und Auserwähltheit, das die Beziehungen der Menschen immer wieder stört. Viele mythologische und biblische Texte kann man dazu finden, aber auch viele Erfahrungen im Alltag. Menschen leben aber aus Beziehungen – und diese werden durch den Neid gestört. So ist die Auseinandersetzung mit Neid und Eifersucht ein alltägliches schwieriges Thema der Einzelnen in ihren Beziehungen, aber auch im sozialen Alltag. Es ist immer wieder eine neue Herausforderung, für jeden persönlich. Die großen Schwierigkeiten, denen man sich im Umgang mit Neid und Eifersucht in therapeutischen Prozessen gegenübersieht, zeigen, wie schwierig es sein kann, mit diesen Gefühlen konstruktiv umzugehen. Daraus können wir Anregungen für den alltäglichen Umgang damit entnehmen.

Und dennoch: Wie alle Emotionen – und die wahrgenommenen Emotionen, die Gefühle – haben auch Neid und Eifersucht einen Sinn. Neid und Eifersucht sind Emotionen, die uns das Leben bedeutend erschweren können, die uns aber auch herausfordern, uns zu entwickeln.

Neid

Als Neider, als Neiderin empfinden wir einen »Stich an Missbehagen«, werden ärgerlich und sind innerlich empört angesichts von etwas, das ein anderer Mensch hat, tut oder kann. Es ist dann ausgeschlossen, dass man sich mitfreuen könnte, denn man empfindet einen Mangel und zugleich einen unangenehmen, unabweisbaren inneren Zwang, es dem oder der Beneideten gleichtun zu müssen, oder ihn bzw. sie sogar zu übertrumpfen. Dass der andere oder die andere hat, was wir nicht haben, empfinden wir in hohem Maße als ungerecht, quälend, empörend. Diese Gefühle lösen Aggressionen aus: Neid kann uns zum Rivalisieren anstacheln, Neid kann uns aber auch lähmen, Neid kann Beziehungen töten.

Der Philosoph Spinoza (17. Jh.), eigentlich ein Emotionspsychologe, beschreibt, dass durch den Neid – als eine Form von Hass – der Mensch beim Anblick von Glück eines anderen betrübt wird, durch das Unglück eines anderen sich aber erfreut (Spinoza 1963, Absatz 23, S. 174).[1]

Weiter fügt er an: »Wenn wir uns vorstellen, dass sich jemand eines Dinges erfreut, das nur einer allein besitzen kann, werden wir zu bewirken streben, dass er jenes Ding nicht besitze.« (Ebd., Lehrsatz 32, S. 139) Wir werden dann besonders missgünstig, wenn sich jemand an etwas zu freuen scheint. Dabei ist es natürlich eine Vorstellung, dass der andere uns vor der Freude stehe, uns die Freude verstelle, sie uns gar stehle. Wir stellen uns vor, dass der Mensch, den wir beneiden, absichtlich etwas macht, um uns neidisch zu machen, und gar uns etwas wegnimmt. Für Kant gehört der Neid zu den schändlichen Gefühlen von Undankbarkeit und Schadenfreude (Metaphysik der Sitten. Zitiert in: Schoeck 1977, S. 148f.). Dankbarkeit und Freude könnten also ein Gegenmittel gegen Neid sein.

Neid zeigen wir in der Regel nicht, man hat nicht neidisch zu sein, zu diesen unangenehmen, schändlichen Gefühlen steht man nicht auch noch. Neidisch sind deshalb die anderen! Das macht es uns so schwer, den Neid bei jemandem anzusprechen.

Verdrängter Neid zeigt sich unter anderem in unqualifiziertem Abwerten, in demonstrativem Desinteresse, in übertriebener Bewunderung, in latenter Aggressivität, in Missstimmung, in Gefühlen plötzlicher Leere.

Wir neiden aber nicht nur ab und zu, wir erregen auch Neid. Als Neid erregende Menschen reagieren wir auf den Neid, der uns entgegengebracht wird, enttäuscht, manchmal etwa so empört wie der Neider: Wir fühlen uns ungerechterweise angegriffen, abgewertet, in etwas Gutem, in etwas, worüber wir uns freuen – und das empfinden wir in hohem Maße als ungerecht. Was kann man denn dafür? Statt sich mitzufreuen, angesteckt zu werden von der Freude, wird sie einem verdorben; und auch wenn der Neid nicht gezeigt wird, so legt sich eine gewisse Neidatmosphäre über alles – und die ist kalt.

In den Metamorphosen des Ovid wird die Invidia, die personifizierte Missgunst, geschildert als eine grässliche Gestalt, gallengrün ihre Brust, giftunterlaufen ihre Zunge, sie siecht im Sehen dahin, sie zernagt und wird selber zernagt von ihrer Sucht. So wird der Neid da genannt – eine Sucht. Wenn die Invidia über hellgrünes Gras geht, dann wird das Gras verbrannt (Ovid 1964, S. 760–800). Sie verbrennt mit ihren Neidstrahlen, mit ihrem bösen Blick alles, was neu werden will, was schön ist. Das ist die Wirkung des Neides. Wird etwas neu, will etwas wachsen, kann es durch den Neid zerstört werden.

In der griechischen Mythologie gibt es eine Göttin der Zwietracht, Eris. Von ihr handelt auch die Geschichte des Inachos, der zunächst nur still traurig ist über großes Unrecht, das er erlebt: Die Götter nehmen ihm seinen Fluss weg, seine Äcker, letztlich auch seine Tochter – er wehrt sich nicht, weil ihm der Friede über alles geht. Nun sitzt er nur noch in seinem trockenen Flussbett und weint. Da bemerkte er ein kleines verschrumpeltes Wesen, das auf ihn zuhumpelt. Auf die Frage, was Inachos hier mache, antwortet er, er sitze hier und leide. Das Wesen sagt, es leide auch, und es fragt, ob Inachos es beneide, denn vielleicht leide es etwas weniger als er. Inachos sagt, er beneide niemanden. Das Wesen ist entsetzt, sagt dann aber: Du musst doch Hass erleben, an deinem Unglück ist doch jemand schuld. Ja, Poseidon, Hera und Zeus sind schuld, aber Inachos bleibt dabei: Er hasst nicht, er ist nur traurig. Das Wesen ist verzweifelt – und sagt: Aber du musst doch einen Groll haben, denn die Götter haben dir das Liebste genommen, die Tochter. So langsam spürt Inachos, dass böse Gefühle Zeus gegenüber aufkommen – und das Wesen an seiner Seite beginnt zu wachsen. Dann stellt er fest, dass er auch einen Zorn auf Hera hat – und das Wesen wird noch größer, wird eine Frau mit schöner glatter Haut. Sprich weiter, fordert sie – und Inachos lässt »alle seine Skrupel fahren und erntete das Gift in seinem Herzen ab« (Köhlmeier 2002, S. 423ff.). Alles haben ihm die Götter genommen – und er schreit und schimpft immer lauter.

Das Wesen an seiner Seite war Eris, die Göttin der Zwietracht, die sich vom Neid und vom Hass der Menschen nährt. Inachos ist nicht mehr traurig. Er flucht, verflucht die Götter – und er will von Eris, der Zwietracht, seine Tochter zurück. Das funktioniert nicht. Er flucht weiter – und die Welt wird zunehmend ruiniert durch Eris, die Göttin der Zwietracht. Zeus schafft dann Abhilfe; dadurch wird alles noch schlimmer.

Homer sagt von Eris: »Was sie einmal begonnen hat, davon kann sie nicht mehr lassen. Von ihrer kleinen Gestalt wächst sie zu gigantischer Größe und Schönheit empor.« (Ebd., S. 425)

Eris nennt sich aber auch »die Bittere«, und der friedliche Inachos hat durch Eris, durch Neid und Hass, eigentlich eine Verbitterungsstörung bekommen.

Abstufungen

Natürlich gibt es Abstufungen von Neid: von freundlichem Neid bis zum tödlichen Neid. Je besser es Menschen gelingt, Anteil aneinander zu haben, in Beziehung zu stehen, desto freundlicher ist der Neid, desto eher kann er in ein konstruktives Rivalisieren überführt werden. Neidische Gefühle zu haben ist normal, und es heißt noch lange nicht, dass wir auch neidisch handeln müssen. Bei gutem Selbstwertgefühl werden wir eher konstruktiv rivalisieren, bei schlechtem haben wir eher Fantasien der Zerstörung, oder wir handeln zerstörerisch, sind – oft unbewusst – grausam, oder aber wir reagieren eher depressiv, sind überzeugt, nie zu erreichen, was der andere oder die andere erreicht hat, können aber doch nicht darauf verzichten; eben weil es der andere hat, müssen wir es auch haben. Man reagiert selbstzerstörerisch.

Aber: Wir sind im Allgemeinen auch nicht durch und durch neidisch, wir haben auch gönnende Seiten. Und: Manchmal sind wir neidisch, manchmal erregen wir aber auch Neid. Neider und Neiderregerin – wir sind beides.

Missgunst

Im Zusammenhang mit Neid gebrauchen wir auch das Wort Missgunst. Aus dem Gefühl des Neidens heraus missgönnen wir dem anderen etwas, gönnen wir den anderen etwas nicht, sind missgünstig, statt dass wir einem anderen das wirkliche oder das vermeintliche Glück gönnen, uns miteinander darüber freuen, dass etwas besonders gut ist. Wir hätten also auch eine Gunst zu vergeben – angesichts von etwas Besonderem, das in uns Neid auslöst –, die Gunst, das, was der andere hat, zeigt oder gestaltet, wohlwollend anzusehen, uns miteinander zu freuen oder aber auch uns voneinander anregen zu lassen, uns herausfordern zu lassen – in einer immer noch wohlwollenden, wertschätzenden Rivalität.

Können wir gönnend sein, reagieren wir aus einer Position des Reichtums, des Wohlwollens heraus, aus der Verbundenheit mit anderen. Missgünstig sind wir dagegen aus einer Position der Armut, des Zukurzgekommenen, der sich um sich selbst kümmern muss, einsam ist, aus der Beziehung fällt.

Gerade aus dieser Spannung heraus, die dadurch entsteht, dass wir gönnend sein wollen, aber oft ungewollt neidisch reagieren, kann Entwicklung sich ereignen. Gönnend möchten wir sein, weil wir damit Anteil haben könnten an dem, was uns beneidenswert erscheint, und das wiederum gäbe uns ein gutes Selbstwertgefühl, ein Gefühl der Verbundenheit mit anderen und von gemeinsamer Freude, gemeinsam hat man Anteil am Reichtum des Lebens. Neidisch aber werden wir, wenn wir uns und unser Bemühen um Gemeinschaft in dieser Situation schon verloren gegeben haben. Aber natürlich möchten wir uns auch freuen, mit-freuen. Aus dieser Spannung heraus können wir uns auch dann, wenn wir neiden und missgünstig sind, dem Neid nicht einfach oder nur selten ruhig überlassen, möchten wir doch eigentlich lieber gönnend sein!

Auch wenn ich mich vor allem mit den Themen Neid und Eifersucht beschäftigen werde, möchte ich doch vorausschicken: In vielen Studien zeigt es sich, dass Menschen bereit sind, kooperativ und fair zu handeln, auch in Situationen, in denen eine egoistische Handlung von niemandem gesehen wird und auch keine Sanktionen nach sich zieht. Wir sind auch gönnend, wohlwollend, wollen das auch sein – aber manchmal eben nicht.

Der Neid lebt aus dem Vergleich

Ein antiquierter Ausdruck für Neid, der aber viel über das Wesen des Neides aussagt, ist »Scheelsucht« – das heimliche Schielen nach dem anderen, sich heimlich und süchtig mit dem anderen zu vergleichen; daraus, so sagt dieser Begriff, entsteht der Neid. Nun müssen wir Menschen uns miteinander vergleichen, machen das unwillkürlich, denn aus dem Gefühl der Differenz zum anderen gewinnen wir nämlich ein Gefühl für unsere Identität, für unser ureigenes Wesen, aber auch für unsere Kompetenzen, unsere Sehnsüchte: Wir sind ähnlich wie die anderen, aber wir sind auch unterschiedlich. Hat man Geschwister, so wird das da schon erfahren und ins Selbstkonzept eingebaut. Und schon da sind wir oft der Ansicht, dass ein Geschwister mehr hat, Besseres hat – und auch noch mehr geliebt wird, eine speziellere, wünschenswertere Beziehung etwa zu einem Elternteil hat. Neid und Eifersucht verbinden sich. Wir beneiden gerade solche Menschen, mit denen wir uns in unserer Lebenssituation vergleichen können, und durch den Vergleich können wir auch angespornt werden, können wir uns mit den anderen messen. Es gibt nun aber auch ein quälendes Vergleichen aus dem Mangel heraus, wobei oft Dinge, Begabungen usw. miteinander verglichen werden, die nicht vergleichbar sind; und da hat dann der andere oder die andere immer mehr, und das wird als ungerecht erlebt.

Ungerechtigkeit

Zur Dynamik des Neidens gehört zentral die Erfahrung von Ungerechtigkeit. Es stimmt, vieles im Leben ist ungerecht, ungleich verteilt, und es ist nicht unser Fehler. Das hat schon mit der Urgeschichte, mit Kain und Abel, begonnen. Gott sah Kain und sein Opfer nicht an. Er hatte keinen Grund dazu – es war einfach ungerecht. Gott war ungerecht. Und Kain erzürnte: Sein Opfer wurde nicht angesehen, er ist nicht ansehnlich – und er kann nichts dafür. Alle späteren Versuche, Kain irgendetwas Böses anzuhängen, um zu erklären, warum Gott sein Opfer nicht angesehen hat, sind Versuche, Gottes Ungerechtigkeit zu vertuschen.

Anlass zum Neiden ist immer da, immer hat einer mehr, ist schöner, schneller, klüger: Und wir erleben das als ungerecht.

Wir Menschen können Ungerechtigkeit im Grunde nicht akzeptieren. Wir bemühen uns um Gerechtigkeit und auch um Gleichheit, bis in unsere Verfassungen hinein, denn Gerechtigkeit gibt es nicht, sie wird, indem wir gerecht handeln – aber was das ist, wissen wir auch nicht immer so recht.

Aber wir haben deutliche Gerechtigkeitsgefühle.

Wenn das Erleben von Ungerechtigkeit eine anthropologische Konstante ist – und das legen uns die Urgeschichten wie die von Kain und Abel nahe –, dann müssen Menschen Ungerechtigkeitsgefühle und den damit verbundenen Neid wahrnehmen, den Neid in die Verantwortung nehmen, so dass er nicht das soziale Miteinander zerstört. Wir müssten aber auch den Neid anders sehen als etwa Kant: nicht als ein schändliches Gefühl der Undankbarkeit und der Schadenfreude, sondern als ein normales Gefühl angesichts erlebter Ungerechtigkeit, mit dem umzugehen ist, von dem wir uns herausfordern lassen.

Die Anti-Neid-Formel

Zur Geschichte von Kain und Abel gibt es Folgegeschichten. Als Vater Isaak alt und blind ist, soll ihm sein Sohn Esau ein Wild jagen und es so zubereiten, wie er es gerne mag – und er will ihn dann als den Erstgeborenen segnen. Das hört Rebekka, die Frau von Isaak, und sie stiftet Jakob, ihren Lieblingssohn, dazu an, sich als Esau auszugeben. Das gelingt. Als Isaak Jakob gesegnet hat, kommt Esau von der Jagd zurück. Er bittet Isaak, nachdem der Betrug deutlich wird, auch ihn zu segnen, aber Isaak hat nur einen Segen. Esau hasst fortan seinen Bruder und will ihn nach dem Tod des Vaters erschlagen. Rebekka bringt Jakob dazu, zu ihrem Bruder Laban zu fliehen und erst wieder zurückzukommen, wenn der Zorn verraucht sei.

Um seine Frauen heiraten zu können, dient Jakob bei Laban, und mit Kindern und einer großen Herde zieht er schließlich zurück – Esau entgegen. Er hat eine Höllenangst vor Esau, sein schlechtes Gewissen peinigt ihn wie ein böser Geist oder wie ein Engel, als er den Fluss ins Land seines Bruders überschreiten will. Er schickt Esau eine Meldung, er möchte Gnade vor seinen Augen finden. Esau zieht Jakob entgegen mit vierhundert Mann, Jakob fürchtet sich. Er wählt aus seinem Besitz eine Gabe aus den schönsten Tieren aus und schickt eine Vorhut mit den Tieren Esau entgegen.

Es kommt zur Wiederbegegnung der Brüder; Jakob »verneigte sich sieben Mal zur Erde, bis er nahe an seinen Bruder herangekommen war. Esau aber eilte ihm entgegen, umarmte ihn, fiel ihm um den Hals und weinte.« (Gen 32,4)

Er fragt dann auch, was Jakob denn mit dem ganzen Lager an Tieren und Gütern gewollt habe, das er, Esau, auf seinem Weg vorgefunden habe. Das sollte das Begrüßungsgeschenk sein. Und da spricht Esau die Anti-Neidformel: »Ich habe übergenug, mein Bruder, es bleibe dein, was dir gehört.« (Gen 33,9) Eine Aussage des Gönnens!

Die Ungerechtigkeit geht in dieser Geschichte nicht von Jahwe, sondern von der Mutter aus. Wenn Gott ungerecht ist, dann können natürlich auch Mütter und Väter ungerecht sein. Jakob bekommt den Segen, den eigentlich Esau bekommen soll.

Esau geht davon aus, dass der Vater beide Brüder segnen könnte: Ein wenig Segen müsste er doch für den zweiten Sohn übrig haben. Das wäre gerechter. Er wundert sich dann auch, dass der Vater offenbar nur einen Segen hat. Zunächst versucht er, den Verlust, den er erlitten hat, durch die Hoffnung zu mindern, auch für ihn sei noch etwas Segen da. Als nichts mehr gut zu machen ist, hasst er fortan seinen Bruder und er entschließt sich zuerst tatsächlich, ihn zu töten.

In dieser Geschichte findet aber kein Brudermord mehr statt: Rebekka verhilft Jakob zur Flucht. Wenn der Bruder einen aus Neid umbringen will, muss man wie Jakob in einem anderen Land das eigene Schicksal leben; man muss das Weite suchen, sich durch das Fremde herausfordern lassen.

Interessant ist die Versöhnung: Jakob mit deutlichen Schuldgefühlen und dem Wunsch, das Vergangene wieder gut zu machen – Esau, der sich einfach zu freuen scheint und mit seinen 400 Begleitern, mit denen er seinem Bruder entgegenzieht, wohl auch Jakob Ehre erweisen will. Beide haben einen schweren Fehler gemacht, über den nicht gesprochen wird: Jakob hat den Segen erschlichen, Esau wollte seinen Bruder töten. So ungesegnet schien Esau aber doch nicht gewesen zu sein: auch er hat jetzt mehr als genug. Den Neid, den er Jakob gegenüber wohl empfunden hat, weil dieser gesegnet wurde und er nicht, obwohl er doch den Segen »verdient« hätte, den hat er überwunden: im Bewusstsein »Ich habe mehr als genug«. Dieses Bewusstsein erweist ihn als eben doch Gesegneten!

Das ist die Anti-Neidformel: Können wir sagen: »Ich habe mehr als genug«, dann müssen wir nicht neiden, dann können wir gönnend und wohlwollend sein, so sagt uns diese Geschichte. Obwohl es diese fundamentale Ungerechtigkeit gibt, muss man nicht neiden – oder nur vorübergehend, wenn man um diese fundamentale Ungerechtigkeit weiß, sie zähneknirschend akzeptiert, sich durch diese Erfahrung aber auch herausfordern lässt, indem man aus den gewohnten Kontexten auszieht, kreativ wird, etwas aus dem eigenen Leben macht. Wird der Neid überwunden, kann man wieder miteinander sein: Einander wiederfinden ist so viel wichtiger als Neid nachtragen. Dann kann man sich freuen, an sich selber aber auch an dem, was der andere hat. Geteilte Freude ist doppelte Freude und vermittelt die Überzeugung, dass wir am Reichtum des Lebens teilhaben und ihn auch fördern. Das Leben ist auch gut.

Was geschieht, wenn wir neiden?

Wenn wir neiden, dann fühlen wir uns als Habenichtse, haben ein schlechtes Selbstwertgefühl, fühlen uns schlecht, zu kurz gekommen, obwohl wir uns so sehr bemühen. Der andere Mensch hat unverdientermaßen ungerechterweise mehr, und wir müssten das auch haben, hätten es auch verdient, wir erleben dann das Leben in hohem Maße als ungerecht. Was wir selber haben, das sehen wir nicht – wir sehen nur den anderen, über den das reiche Füllhorn des Schicksals ausgeschüttet worden ist. Bei vielen Neiderfahrungen handelt es sich aber weitgehend um Projektionen der Bevorzugung oder dessen, was der Neiderreger / die Neiderregerin vom »Schicksal« (Füllhorn) ungerechterweise bekommen habe. Der Neid hat bekanntlich gute Augen. Diese Projektionen gelingen umso leichter, als Ungerechtigkeit eben eine anthropologische Konstante ist und deshalb eine Ungleichheit immer wieder entsteht, eine Ungleichheit, auf der wir andererseits auch bestehen: Wir alle wollen einmalig sein, also nicht gleich – und natürlich doch auch gleich.

Die erfahrene Ungerechtigkeit wirkt direkt auf unser Selbstwertgefühl zurück. Denn wenn wir neiden, wird alles Gute, das wir selber auch haben, auf den Neid erregenden anderen Menschen projiziert. Er oder sie hat dann vermeintlich alles – und kann nichts dafür. Und für all das, was er oder sie hat, hassen wir ihn oder sie, neiden es, machen es schlecht. Möchten es zerstören. Indem wir versuchen, das Gute im anderen, in der Welt zu zerstören, »töten« wir auch unser Gutes mit, das wir auf den anderen projiziert haben, das wir irrtümlich auch noch im anderen sehen. Auf jeden Fall können wir das Gute nicht als etwas Gutes, Belebendes stehen lassen und damit auch unser Gutes nicht wahrnehmen. Hätten wir ein besseres Selbstwertgefühl, dann könnte der Neid, dieser Stich an Missvergnügen in einer Situation, in der einem anderen Menschen etwas gelingt, das wir auch haben möchten, uns zur konstruktiven Rivalität aufstören – und damit würde auch deutlich, was der Neid von uns will. Wir würden nicht die guten Bilder von uns selber auf den anderen projizieren und dort bekämpfen. Wir könnten bei unserer Stärke bleiben.

Der Neid fordert uns heraus, unser Leben zu überdenken und Fragen zu stellen wie: Mache ich genug aus meinem Leben? Möchte ich ein anderer, eine andere sein? Muss ich mein Selbstkonzept anpassen, habe ich eine zu unrealistische Vorstellung von mir selbst? Stehen politische Veränderungen an? Ist etwas zu ungerecht und muss es eine politische Lösung geben?

Die Neidgefühle werfen uns auf uns selbst zurück – als ewig Zukurz-Kommende, als Opfer. Sie bieten aber auch den Anreiz, die mögliche Selbstwirksamkeit zu überdenken, mehr aus dem eigenen Leben zu machen, ob wir uns nun als vom Leben gut bedacht oder auch weniger gut bedacht vorkommen – gesegnet oder auch nicht gesegnet. Dabei hilft wahrzunehmen, dass wir nie ganz und gar neidisch sind, wir sind immer auch Gönnende. Es ist sinnvoll zu differenzieren: In welchen Situationen neiden wir, sind wir gar von Neid zerfressen, in welchen Situationen können wir aber auch gönnend sein und es genießen? Sind wir neidisch und sehen wir die Destruktivität uns selbst, aber auch den anderen gegenüber, erschrecken wir. Dann wird uns durch die Trauer bewusst, was wir selber an Gutem haben; wir sind dann in Kontakt mit den Ressourcen, haben ein besseres Selbstwertgefühl, können gönnend sein – und dann sind wir offen für Ideen, was wir aus unserem Leben noch machen können. Der Neid zeigt uns oft an, welcher Lebensbereich bei uns noch brach liegt. Wir beneiden ja oft recht präzise etwas, das wir selber nicht gewagt haben zu realisieren und das vielleicht doch noch, möglicherweise in einer Variante des Beneideten, entwickelt werden könnte, wir könnten, zumindest auf der Persönlichkeitsebene, kreativ werden.

Gelegentlich hilft es auch, sich trotz allen Neidens zu entschließen, versuchsweise einmal gönnend zu sein, und falls es gelingt, das gute Gefühl, das dabei aufkommt, zu genießen. Danach kann man auch süchtig werden.

Neid als therapeutische Herausforderung

Der Neid ist ein wichtiges, oft verborgenes Thema in therapeutischen Prozessen. Überlegungen dazu können auch Anregungen für den alltäglichen Umgang damit geben.

Der Neid ist ein verborgenes Gefühl, besonders der destruktive Neid, die Missgunst. Gewiss, Missgunst anderen gegenüber wird durchaus geäußert, aber selten so, dass man von Neid sprechen würde, sondern man ist aufgebracht, dass anderen einfach alles gelingt, einem selber nichts, dass andere es so einfach haben im Leben, man selber so schwer. Da wird von einem Bruder gesprochen, der faul und dennoch so erfolgreich ist, während man selber so fleißig ... Der Therapeut, die Therapeutin wird beneidet. Kann der Neid vom Patienten, der Patientin angesprochen werden, dann sind sie schon weit in ihrer Entwicklung, haben Zugang zu Selbstwirksamkeit und Kreativität gefunden – und sie können sich vom Neid herausfordern lassen.

Wird der Neid aber zur Unzeit vom Therapeuten, von der Therapeutin angesprochen, löst das oft große Scham aus. Durch das Schamempfinden wird das Selbstwertgefühl noch schlechter, das Gefühl, zu kurz gekommen zu sein und gerade jetzt in der aktuellen Situation wieder zu kurz gekommen zu sein, wird noch deutlicher, die Erfahrung von Ungerechtigkeit noch stärker – die Folge davon sind oft zerstörerische Fantasien und depressive Einbrüche.

In der therapeutischen Beziehung zeigt sich der Neid z. B. daran, dass »es nie gut genug ist«, was in der Therapie geschieht. »Warum sagen Sie mir nicht endlich alles, was Sie wissen?« Oder Patienten, Patientinnen sprechen unvermittelt von plötzlicher Leere – und in der Gegenübertragung spüren wir selber Hilflosigkeit, Wut und die Tendenz abzuwerten: die therapeutische Arbeit, die man bereits gemacht hat, sich selber, und man wehrt sich dagegen, dass die Arbeit, die man miteinander geleistet hat, »zerstört« wird. Weiß der Therapeut, die Therapeutin um die Dynamik des Neidens, wird er oder sie weder sich selbst noch die Patienten abwerten, aber auch nicht abwerten, was in der Therapie bereits erreicht worden ist, auch wenn der Patient, die Patientin das im Moment nicht sieht. Aber wie damit umgehen?

Seit Plutarch wird der Neid mit dem »bösen« Blick in Verbindung gebracht. Die »Neidstrahlen des Blicks« sollen die, die Neid erregen und so vermeintlich Ursache des eigenen Unglücks sind, eliminieren oder zumindest quälen. Aus der Volkskunde wissen wir: Milch verdirbt unter dem bösen Blick, Pflanzen gehen ein, Kinder sterben. Im Glauben an den bösen Blick drückt sich das Wissen um die Zerstörungskraft aus, die im Neid liegt. Den bösen Blick ziehen vor allem Menschen und Tiere auf sich, die schön und gut sind, zart, aber auch schwangere Frauen – Menschen in Übergangssituationen zu Werdendem, Wachsendem hin. Wie nun aber damit umgehen? Diesem zerstörerischen Blick muss man sich entziehen, ihn wahrnehmen, sich aber nicht auf ihn einlassen: wegsehen, Distanz schaffen, indem man sich auf die eigenen Lebensmöglichkeiten, auch auf die Lebenslust, auf die eigene Mitte hin konzentriert, etwa symbolisiert in einem Tanz mit roten Bändern, mit dem man früher der bösen Blick abwehrte (Bächtold-Stäubli 1927, S. 685ff.).

Das ist auch das, was therapeutisch notwendig ist: Man lässt weder sich selbst noch die Arbeit zerstören, man identifiziert sich auch nicht mit dem bösen Blick, sondern schützt sich, konzentriert sich auf die eigene Lebendigkeit und Kreativität und auch auf die Lebendigkeit des Patienten, der Patientin, wenn man sie denn spürt, auf Entwicklungsansätze.

Es ist nicht zu vergessen: Den neidischen Patienten ist mit Empathie zu begegnen, sie sind im harten Griff des Neides gefangen, leiden selber und machen deshalb auch andere leiden, sie sind im Griff einer quasi dämonischen Selbstüberforderung – und sind deshalb in der Neidsituation nicht fähig, sich auch in ihren Kompetenzen zu sehen, sich in dem zu sehen, was einfach auch gut ist. Das muss ihnen klar werden.

Dann geht es weiter darum, bei neidischen Menschen am Selbstwertgefühl und an der Erfahrungsmöglichkeit von Selbstwirksamkeit zu arbeiten, aber auch herauszufinden, was denn die Neidattacke ausgelöst hat. Was hat bewirkt, dass das fundamentale Lebensgefühl des Zu-kurz-Kommens aktiviert wurde? Wurde vielleicht eine »alte« Geschwisterkonstellation wiederbelebt, oder geht es um die Erfahrung, dass da immer ein anderer oder eine andere ist, der oder die hat, was man selber nicht hat, was man als ungerecht erlebt? Und erwartet man immer noch, dass das Leben gerecht sei?

Es geht darum, solche den Neid auslösende Situationen zu erkennen und an ihnen therapeutisch zu arbeiten, sie als Herausforderung zu sehen. Der Umgang mit dem Neid kann außerordentlich schwierig sein, vor allem dann, wenn Patienten zutiefst davon überzeugt sind, vom Leben schlecht bedacht worden zu sein – was sie ja auch oft sind –, denken wir etwa an Menschen, denen die Bezugspersonen mit wenig Interesse, mit wenig Liebe begegnet sind, die selten das Gefühl hatten, wirklich im Leben erwünscht zu sein. Deshalb wird auch in einer Therapie, trotz aller neidbedingter Versuche des Patienten, die therapeutische Beziehung zu zerstören, der Therapeut, die Therapeutin interessiert und wohlwollend anwesend und begleitend bleiben und gute Entwicklungen auch behutsam ansprechen (Kast 2006, S. 127ff.). Problematisch dabei ist, dass die schlechten Erfahrungen immer wieder in der Weise auf die Mitmenschen projiziert werden, dass die Überzeugung entsteht, die anderen seien daran schuld, dass man »zu wenig« hat, und damit das oft vermeintliche Glück der anderen der Grund für das eigene Unglück ist. Das ist eine Vorstellung – kein Fakt.

Das heißt aber nicht, dass alle, die einen sogenannten ursprünglich negativen Mutterkomplex haben und damit überzeugt sind, keine Daseinsberechtigung zu haben, neidisch sein müssen; sie können gerade auch ihre gönnenden Seiten entwickeln. Wenn sie zum Beispiel in der Therapie oder auch im Alltag eine neue Erfahrung des Gesehenwerdens und des Gehörtwerdens machen, können sie eine große Dankbarkeit entwickeln und aus ihr heraus auch anderen Menschen gönnend begegnen – anders, als man ihnen selbst begegnet ist –, und aus diesen Begegnungen heraus geben sie sich auch immer mehr Daseinsberechtigung.

Grundsätzlich geht es in der Therapie, aber auch im Alltag darum, die Destruktivität des Neidens sich selber gegenüber, aber auch anderen gegenüber wahrzunehmen, darüber zu erschrecken, zu trauern, dass es ist, wie es ist, empathisch zu sein mit sich und der jeweiligen Überforderung, und das kann dann zur Besinnung auf eigene Kompetenzen, auf eigene Kreativität führen. Vielleicht wird man etwas bescheidener in den Ansprüchen und dankbarer dafür, was man selber hat, aber auch für das, was die von uns Beneideten in die Welt hineintragen, an dem wir doch auch Anteil gewinnen können.

Eifersucht

Neid und Eifersucht werden im alltäglichen Sprachgebrauch auch stellvertretend gebraucht. Gerade beim Neid unter Geschwistern ist die Eifersucht auch nicht weit. Man befürchtet, die Zuneigung der Eltern zu verlieren, weil ein Geschwister etwas hat, das man auch haben müsste. Man weiß zum Beispiel um die spezielle Beziehung zwischen Bruder und Vater; man möchte sie auch haben, ganz genau diese, aber man kann sie nicht haben, weil der Bruder schon da ist. Man ist eifersüchtig und neidisch, auf die Beziehung, aber auch auf die Qualitäten des Bruders, die man offenbar selber nicht hat.

Manche Eltern spielen die Geschwister auch gegeneinander aus, schüren Neid und Eifersucht und hoffen, damit besonders effiziente, konstruktiv rivalisierende Kinder heranzuziehen. Die kindliche Eifersucht, die sich in den wichtigsten Beziehungen ereignet, überträgt sich im Laufe des Lebens leicht auf weitere Beziehungen, in denen wir möchten, dass wir die alleinige, ungeteilte Liebe, die ungeteilte Aufmerksamkeit bekommen.

Auch bei der Eifersucht gilt: Sie zu spüren heißt nicht, dass wir uns auch eifersüchtig verhalten müssen.

Eifersucht wird etwas weniger negativ beurteilt als Neid, wohl, weil viele Menschen für sich in Anspruch nehmen, dass Eifersucht auch ein Maß für die Zuneigung ist. Sicher, übermannt uns das Gefühl der Eifersucht, dann wissen wir, dass es uns wichtig ist, dass dieser Mensch uns nicht abhanden kommt, dass die Form der Beziehung, die wir haben, erhalten bleibt. Das Gefühl der Eifersucht kann aber auch signalisieren, dass wir in ein tiefes Gefühl des Verlassenseins fallen, das fast schon als tödlich erlebt wird, wenn wir die gewohnte Zuneigung eines Menschen zu verlieren drohen. Totschlag oder Mord aus Eifersucht ist ein nicht seltenes Delikt. Eifersucht ist also auch nicht harmlos.

Definition

Von der Definition her betreffen Neid und Eifersucht etwas unterschiedliche Erfahrungen. Vielleicht könnte man sagen, dass Eifersucht Beziehungsneid ist.

Eifersucht wird verstanden als quälende Furcht, also als eine Angst, die Neigung, Liebe, die Zuwendung einer geliebten Person mit jemandem teilen zu müssen oder zu verlieren. Es kann aber auch aber auch um einen Besitz, einen Wert, ein Gut gehen. Der Verlust kann befürchtet werden, nur in der Fantasie bestehen, er kann konkret anstehen oder schon eingetreten sein. Verbunden mit Eifersucht ist oft Neid.

Spinoza bezeichnet den mit Neid verbundenen Hass gegen ein geliebtes Ding als Eifersucht (Spinoza 1963, Lehrsatz 35, S. 140ff.). Und Eifersucht entsteht deshalb, weil Liebe und Hass miteinander kämpfen, verbunden mit Neid auf einen anderen. Je mehr Freude zuvor war, je mehr Liebe, desto größer der Hass; vor allem auch, weil man sich vorstellt, wie das »geliebte Ding« den beneideten Menschen in Freude versetzt (ebd., S. 141). Das ist ein ganz wichtiger Gedanke! Darauf bezieht sich der Neid in der Eifersucht: Man stellt sich vor, etwa bei der erotischen Eifersucht, was die beiden wie miteinander machen und welche Freude sie daran haben.

Und dann noch die Angst ...

Mit der Eifersucht ist aber auch eine tiefe Angst verbunden: Man befürchtet, den anderen zu verlieren oder bereits verloren zu haben. Das aktiviert die Verlassenheitsangst – eine tiefe Angst, in einer Situation, in der man dringend einen anderen Menschen braucht, allein gelassen zu werden. Diese Erfahrungen können frühkindliche Ängste des Sich-verlassen-Fühlens wecken. Diese Angst wird oft durch Wut und Destruktivität abgewehrt. Aber nicht nur die Bedürftigkeit steht bei der Eifersucht im Vordergrund, auch der Neid auf die neue Beziehung wird formuliert. Die Empörung über die Ungerechtigkeit, die einem widerfahren ist, bezieht sich auf beides: dass einem der geliebte Mensch genommen worden ist und der andere sich jetzt an ihm freuen darf.

Wie beim Neid ist das Thema des Zu-kurz-Kommens bei Eifersucht ein Thema: jetzt aber als jemand, der bereits etwas hatte oder zu haben meinte und dies vermeintlich oder wirklich verloren hat, als einer, der ausgestoßen worden ist in die Einsamkeit hinein – verbunden mit dem tiefen Zweifel, ob man denn liebenswert sei. Und natürlich fantasiert man, dass der vermeintliche oder der real existierende Rivale oder die Rivalin all das hat, was man selber nicht hat: glühender Neid auf möglicherweise nicht existente Qualitäten. Bei der Eifersucht ohne konkreten Anlass dagegen, die ja nicht selten ist, stellen sich in der fantasierten Beziehung des Partners Beziehungsaspekte dar, die in der eigenen, tatsächlichen Beziehung dringend entwickelt werden müssten; die fantasierte Persönlichkeit der Rivalin lässt eigene Seiten erkennen, die ins Leben integriert werden müssten.

Therapeutisch

Therapeutisch wird man sich bei Eifersucht nicht nur mit dem Neid befassen – das natürlich auch. Je nachdem, was im Vordergrund steht, wird es auch um Bindungsprobleme und Verlassenheitskomplexe oder um die Wiederherstellung der narzisstischen Selbstwerthomöostase gehen.

Es stellen sich bei der Eifersucht alle Fragen, die sich beim Neid auch stellen. Hinzu kommen die Fragen danach, ob man eine Beziehung wirklich verloren hat oder zu verlieren droht oder ob sie sich nicht vielmehr verändern muss. Es stellt sich auch die Frage, ob man liebenswert bleibt, auch wenn einen der andere oder die andere gerade nicht liebt, aber auch: Wie lebe ich weiter, wenn ich diese Beziehung wirklich verliere? Kann ich auch allein leben? Oder kann ich einen geliebten Menschen auch mit einem anderen teilen? Und damit natürlich auch die Frage: Muss ich eine andere, ein anderer werden?

Die regressive Form, sich ganz aufzugeben, um die Beziehung zu retten, im Sinne von:»Ich mache alles, was du willst« wäre Treue in der regressiven Form. Progressiv wäre stattdessen, immer wieder Vertrauen herzustellen, trotz allem.

Natürlich wird man auch darüber nachdenken, ob Beziehungen sich verändern dürfen, ob einem ein anderer Mensch »gehört«, wie einem eine Sache gehört, auch darüber, wie man mit unliebsamen Veränderungen im Leben umgeht, mit Überraschungen.

Gönnen, auch bei Eifersucht, wäre Wohlwollen, Vertrauen schenken statt Misstrauen, immer wieder Vertrauen herstellen, auch wenn man einen geliebten Menschen nicht kontrollieren kann.

Großherzigkeit

Sowohl dem Neid als auch der Eifersucht könnte man mit Großherzigkeit begegnen, mit einem großen Herzen, mit der wohlwollenden Verbundenheit mit anderen Menschen. Geben wollen, schenken wollen, nicht nur haben wollen! Dem anderen etwas geben, was ihm wirklich nicht gehört, was aber mir gehört! Großherzigkeit ist ein Luxus, den man nicht fordern kann (Comte-Sponville 1996, S. 107ff.), sie ist freiwillig – aber man muss sie wollen, es braucht guten Willen dazu. Sie entspricht unserer Sehnsucht, die Mitmenschen zu unterstützen, mit ihnen verbunden zu sein und in dieser Verbundenheit mit ihnen etwas zu gestalten, aber auch, nicht alles, was sich ereignet, als gegen einen selbst gerichtet zu sehen, sondern großzügig auch Probleme im Ganzen des Lebens zu verrechnen. Kein Leben als Ganzes, in dem es nicht Freude gäbe, kein Leben als Ganzes, in dem es nicht Dankbarkeit gäbe – gerade auch für die Freuden.

Dann können wir vielleicht wie Esau sagen: »Ich habe genug, mein Bruder, es bleibe dein, was dir gehört!«

Anmerkung

1   »Neid ist Hass, sofern dieser den Menschen dergestalt affiziert, dass er bei dem Glück eines anderen sich betrübt und umgekehrt an dem Unglück eines anderen sich erfreut.«

Literatur

Bächtold-Stäubli, H. (Hg.) (1927): Handwörterbuch des deutschen Aberglaubens. Bd. I. de Gruyter, Berlin u. a.

Comte-Sponville, A. (1996): Ermutigung zum unzeitgemäßen Leben. Rowohlt, Reinbek bei Hamburg.

Kast, V. (2006): Neid und Eifersucht. Die Herausforderung durch unangenehme Gefühle. dtv, München.

Köhlmeier, M. (2002): Das große Sagenbuch des klassischen Altertums. Piper, München.

Ovidius Naso, P. (1964): Metamorphosen. In dt. Hexameter übertr. u. mit d. Text hrsg. von E. Rösch. 3. Aufl. Heimeran, München.

Schoeck, H. (1977): Der Neid und die Gesellschaft, S. 148f.

Spinoza, B. de (1963): Die Ethik nach geometrischer Methode dargestellt. Teil III, Meiner, Hamburg.

Doris Titze

Der besondere Blick
Perspektivenwechsel durch kunsttherapeutische Methoden

Wahrnehmung

Der Maler und Kunsttheoretiker Hans Platschek spielt in einer Karikatur mit dem Klischee des Malers, der aus einem Defizit heraus arbeitet und dem Betrachter seiner Bilder erklärt:»Ich wäre ja lieber Schriftsteller geworden, aber ich hatte nichts zu sagen.« Hier könnte das Thema Neid ansetzen, die Frage, was besser ist: das Schreiben oder das Malen, das Erzählen mit Worten oder die Erzählung des Bildes. Oft werden verbale und nonverbale therapeutische Verfahren als konträr betrachtet, obwohl sie sich gegenseitig bereichern. Wenn wir uns die Worte *und* die Bilder gönnen und sie uns nicht gegenseitig neiden, wird unser Leben reichhaltiger. Auch Bilder erzählen Geschichten, doch sie wollen entsprechend gelesen werden.

Die Linie ist die direkteste Form, eine körperliche Bewegung in eine Fläche zu übertragen. Eine Linie erschließt einen Weg oder setzt Grenzen. Es ist ein Abstraktionsvorgang. Linien machen uns aktiv unsere Welt bewusst: Unsere Welt entsteht in dem Moment, indem wir uns selbst bewusst wahrnehmen. Wenn man sich selbst bewusst gegenübersteht und sich selbst formuliert, ist man sich nicht ausgeliefert, sondern steht sich handelnd gegenüber. Es entsteht ein Dialog: mit sich selbst, mit dem Bild, mit anderen. So lässt Hanns Josef Ortheil in seinem berührenden Buch *Die Erfindung des Lebens* ein bis dahin stummes Kind durch das Zeichnen schreiben und schließlich sprechen lernen:»Wenn die Buchstaben und Worte unter einer Zeichnung oder einem Bild standen, konnte ich mir sogar jede Einzelheit merken. Ich stellte mir einfach die Zeichnung vor, die Zeichnung der Eiche, wie sie da mit ihren leicht verkrüppelten Ästen und

Zweigen wie eine leicht aus den Fugen geratene Skulptur vor mir auftauchte! Zu genau dieser Zeichnung gehörte der Satz: *Das ist eine Eiche.* Eine Zeichnung, vier Worte, ein Punkt. So war das, und es war wirklich ganz einfach.« (Ortheil 2009, S. 176.)

Der Vater erforscht mit seinem Sohn zeichnend die Landschaft und erklärt:»Man muss sich die Sachen, die man zeichnen möchte, ganz genau anschauen, ganz genau, hörst Du, in allen Einzelheiten! Und erst dann sollte man mit dem Zeichnen anfangen, hörst Du?« (ebd., S. 175) Ebenso sorgfältig sollte man in der Kunsttherapie die Bilder ansehen, bevor man mit dem Reden oder mit Interventionen beginnt: ganz genau, in allen Einzelheiten! Man benötigt dazu eigentlich nicht den besonderen Blick, sondern den (präzisen) Blick überhaupt.

Wesentliche Dinge, die auch die kunsttherapeutische Arbeit betreffen, sind in Ortheils Buch enthalten: das Zusammenwirken von Sprache und Bild, die Präzision der Wahrnehmung und die Achtsamkeit den Menschen gegenüber. So meint Ortheils Junge:»Ich kann vielleicht noch keine Wörter und Buchstaben schreiben, doch Noten, die kann ich natürlich aufschreiben. Es hat mich nur noch niemand darum gebeten, kein Mensch hat sich für die Noten in meinem Kopf interessiert.« (Ebd., S. 182) Der kleine Junge spricht nicht, hat aber den Kopf voller Worte, Bilder und Noten. So müssen wir uns stets hinterfragen, was sich hinter den Dingen und Menschen, unseren Vorstellungen, Wertungen, Gefühlen und Beweggründen überhaupt verbirgt (Titze 2012a).

Chuck Close teilt übergroße Fotos in kleine Segmente und malt diese kästchenweise von Hand. So entsteht ein persönlicher Duktus innerhalb der Wiedergabe der fotografischen Abbildung. Von weitem meint man, man bräuchte nur näherzutreten, schon würde sich die Unschärfe legen. Doch je näher man kommt, desto weniger erfasst man das Gesamtbild; schließlich sieht man nur noch einzeln gemalte Segmente. Man gerät selbst (körperlich) in Bewegung vor den Bildern. Ein Wahrnehmungsforscher ließ StudentInnen eines dieser Bilder betrachten und den Abstand zum Bild markieren, an dem das Gesicht als Gesicht wahrnehmbar wurde bzw.

die Kästchen in einzelne Segmente zerfielen. Es zeigte sich, dass beide Situationen sich eine Weile überlappten: Das Portrait war schon sichtbar, als noch die Kästchen deutlich erkennbar blieben. Chuck Close ist eigentlich »gesichtsblind«, leidet an Prosopagnosie (Sacks 2011, S. 104), d. h. er kann Menschen anhand ihrer Gesichter nicht wiedererkennen; erst als Bild oder Zeichnung in der Fläche werden sie für ihn deutlich. Er könnte neidisch sein auf die Fähigkeit anderer, sich lebendige Gesichter zu merken. Doch sein Defizit ist ihm Ansporn, und er erschafft mit seiner veränderten Wahrnehmungsoption ganz eigene Bildwelten. Er thematisiert zugleich die Frage, ab wann wir etwas nur als Struktur und ab wann als etwas sinnvoll Zusammenhängendes erkennen können.

Die Kraft der Bilder

Die Karikatur versucht ebenfalls, die Welt zu hinterfragen und mit den Mitteln der Überzeichnung und des Charakterisierens offenzulegen. Sie arbeitet oft ohne Worte oder mit Mitteln des Perspektivwechsels, wie bei Heraklit dem Weinenden und Demokrit dem Lachenden: Deren Mimik verändert sich je nach Drehung desselben Blattes (siehe Abb. 1, S. 32).

Der Philosoph Karl Rosenkranz betrachtete die Karikatur als das Hässliche schlechthin und als Gegensatz zu den sogenannten Schönen Künsten. Karikaturen verkörpern damit ebenso die Schattenseite des Schönen wie Krankheiten die Schattenseite des Gesunden. Wir bewegen uns in Polaritäten. Wenn wir, sowohl in der Therapie als auch in der Kunst, die Perspektiven zwischen den Seiten wechseln, können wir sie verbinden. Der Neid und die Gunst, das Weinen und das Lachen werden zu zwei Seiten eines Gesichtes.

Wir stoßen auf die Doppelfunktion und Kraft der Bilder: So gilt z. B. das sogenannte Hässliche (die Asymmetrie oder Verzerrung) in afrikanischen Masken einerseits als Abwehrzauber, andererseits bilden sie auch die Krankheit ab, die sie abwehren. Die Verzerrung dient dazu, etwas zu entlarven und anzusehen, will aber zugleich

Abb. 1: Demokrit/Heraklit

Perspektivenwechsel zwischen Lachen und Weinen, je nach Drehung des Blattes

dem Schrecken begegnen und ihn abwehren. Überzeichnungen fungieren auch in der kunsttherapeutischen Arbeit als Ventil: Themen wie »fremd«, »falsch«, »krank« oder »hässlich« wirken eher befreiend und fantasieanregend, während ein Anspruch (der KlientInnen) an so genannte schöne Bilder die Kreativität eher hemmt. Es ist die Frage: Gönnen wir uns die Freiheit, Fehler zu machen? Dürfen wir etwas ausprobieren, das mit Sicherheit nicht perfekt wird? Üben wir sogar das Scheitern und schöpfen Kraft daraus? Es geht in der Kunsttherapie nicht um einen Kunstanspruch, sondern darum, einen stimmigen Ausdruck für sich und sein Erleben zu finden.

Bilder wirken oft magischer als Worte. Ernst Kris schreibt: »Es scheint, dass die Vorläufer der Karikatur ohne Mühe bis zur Welt des magischen Bildes zurückverfolgt werden können.« (Kris 1964, zitiert nach: Melot 1975, S. 11) Honoré Daumier zeichnete in seiner Lithographie *Masken von 1931* eine Birne zwischen die anderen Karikaturen. Jeder Zeitgenosse wusste, dass sie den französischen König Louis Philippe darstellen sollte. Obwohl eindeutig eine Birne und nicht der König gezeichnet war, verbot man die Birnen-Darstellung. Man unterschied damals zwischen der Bild- und

Textzensur mit der Begründung, dass ein Bild eine in Aktion umgesetzte Meinung sei. Ein Bild wurde als Handlung gesehen und schien dadurch bedrohlicher als ein Text, der Gedanke blieb.

Bilder von Rémy Zaugg handeln selbst. Eines seiner Bilder besteht aus den Worten: »Ich, das Bild, ich sehe Dich.« Überrascht stehen wir vor dieser Aussage des Bildes und fragen uns, wie wir uns selbst durch das Bild wohl sehen. Wie sehen andere uns? Welches Bild von uns möchten wir vermitteln? Es entsteht ein neuer Blickwinkel. Das Bild betrachtet uns. Unsere Wahrnehmung ist nicht objektiv, und so sind wir selbst für das, was wir sehen, auch mit verantwortlich, meint auch Margareta Friesen (2012). Wenn wir uns gegenseitig Bilder beschreiben, berichten wir mehr über unsere eigene Sehweise der Bilder als über die Bilder selbst. Der Betrachter selbst erweckt das Bild zum Leben, meint Hans Belting. Ohne BetrachterInnen ist das Bild wirkungslos.

Chas Addams wechselt erneut die Perspektive und fragt: »Wer macht den Bildern Angst?«

Abb. 2: Chas Addams

Wer macht den Bildern Angst?

Doch wenn wir die Karikatur von Addams genau betrachten, scheinen die Bilder die Menschen zu ängstigen. Oder präziser gesprochen: Das, was wir in den Bildern sehen, ängstigt uns. Addams spielt mit der Vielschichtigkeit unserer Projektionen im Wechselspiel von Bild und Betrachter: Wir selbst produzieren die Bilder, die uns (und andere) schließlich ängstigen. Auch hier ist das Bild ein eigenständiges Gegenüber. Ein Bild ist nicht aktiv, doch es kann durch seine Aussagekraft bedrohlich wirken; deshalb müssen wir die PatientInnen manchmal vor der Kraft ihrer eigenen Bilder schützen, die einen großen Sog ausüben können. Wichtig ist daher auch für die TherapeutInnen, sich im kunsttherapeutischen Prozess nicht mit in das Bild der PatientInnen hineinziehen zu lassen, sondern bei aller Empathie die notwendige Distanz zu bewahren.

Kunst wird seit jeher geschaffen und auch zerstört (Pickshaus 1988). Beispiele sind die Zerstörung der Buddhastatuen von Bamiyan durch die Taliban 2001 in Afghanistan oder die Vernichtung von Kunstwerken durch die Nationalsozialisten in Deutschland. Angriffe gegen Bilder richteten sich gegen Werke wie Barnett Newmans *Who is afraid of Red, Yellow and Blue IV* und gegen die *Pietà* von Michelangelo. Zerstörung geschieht aus unterschiedlichen Gründen, manche bleiben uns verborgen. Bilder wirken direkt und mächtig: Sie transportieren Ideen, Gefühle und Sehweisen. Zerstört wird die Materie, die die Gedanken transportiert, um die Ideen darin zu eliminieren. Denn ein Bild transportiert bei all seiner Präsenz stets etwas Abwesendes, das eigentliche Bild hinter dem Bild. Wichtig ist, vor allem im therapeutischen Zusammenhang, sich der Wirkung von Bildern bewusst zu bleiben.

Die Präsenz der Bilder

Die Künstlerin Niki de Saint Phalle ging offensiv mit ihren destruktiven Kräften um. Ihre Schießbilder in den 60er Jahren erzeugten bei ihr selbst und den schießenden Protagonisten heftige Gefühle. Sie schrieb:»1960 war ich eine sehr zornige junge Frau.

Zornig auf die Männer, auf ihre Macht. Ich fühlte, dass sie mir meinen eigenen Freiraum geraubt hatten. [...] Ich war bereit zu töten. Das Opfer, das ich wählte, waren meine eigenen Bilder. [...] In meine Schießbilder baute ich kleine Farbbeutel mit Farbe in den Gips ein und schoss auf sie. Die Bilder bluteten. [...] Das Bild begann zu leben. [...] Als ich im letzten Winter nach Stuttgart kam, sah ich am Flughafen eine Anzahl Fotos junger Terroristinnen. Mir wurde bewusst, wie viel Glück ich gehabt hatte, einen pazifistischen Ausdruck meiner inneren Gewalt gefunden zu haben.« (Saint Phalle 1980, S. 20–21)

Niki de Saint Phalle wählte ihre Bilder als Stellvertreter. Auch kunsttherapeutische Prozesse schaffen Stellvertreter, schaffen eine begreifbare Gestaltung als Gegenüber. Ängste, Hoffnungen und Wünsche, Erinnerungen und Visionen werden konkretisiert. Bilder bieten in der Therapie sowohl den Schutz, ein unerträgliches Erleben aus sich herauszustellen und sich zu distanzieren, als auch die Chance, sich selbst näherzukommen. So sehr das Bild von einer Abwesenheit zeugt, so sehr bleibt es anwesend.

Indem KunsttherapeutInnen sich mit dem schöpferischen Potential ihres Gegenübers verbünden, unterstützen sie dessen Resilienzentwicklung. Künstlerisches wie therapeutisches Tun ist stets lösungsorientiert und verweigert sich dennoch einer Erwartungshaltung. Dies erfordert eine gewisse Gleichzeitigkeit von Aufmerksamkeit und Absichtslosigkeit, von Fokus und Diffusion. Bilder sind Gefäße für Ambivalenzen und destruktive Kräfte. Sie verbinden divergierende Zeiten, Orte, Erlebnisse, Gedanken und Gefühle in einem gemeinsamen Raum. Niki de Saint Phalle weiß um die Ambivalenz von Bildern und schreibt zur Skulptur der Tarotkarte des Wagens: »Der Wagen stellt den Sieg dar. Die Karte bedeutet den Triumph über Gegner und Probleme. Doch ACHTUNG! Im Augenblick des Triumphes muss man am wachsamsten sein, denn genau dann ist man am verletzlichsten, und der Wagen kann leicht umstürzen.« (Saint Phalle 2000, S. 56) Ein zentrales Moment der Kunsttherapie ist es, die Fähigkeiten und Ressourcen der PatientInnen zu beachten: Das Bild ist bereits vorhanden und somit konstruktiv, auch wenn es Widerstände beschreibt. (Visuelle) Erkenntnisse können zudem immer wieder neu formuliert werden. Achtsam genutzt bergen Bilder einen großen Reichtum. Sie spenden Trost und erinnern.

Wenn man in der Pinkas-Synagoge in Prag 180 der knapp 7000 erhaltenen Kinderzeichnungen sieht, die die Bauhausschülerin Friedl Dicker-Brandeis bei acht- bis fünfzehnjährigen Kindern im Konzentrationslager Theresienstadt anleitete, spürt man sofort die existenziellen Aussagen der Bilder, selbst wenn sie anscheinend harmlose Motive enthalten wie Blumenwiesen, Haustiere oder einen Rummelplatz: Die Kinder kannten diese nur noch aus der Erinnerung (Khoshlessan 2008). Der unglaublich mutigen, humanen, kunstpädagogischen und therapeutischen Leistung von Friedl Dicker-Brandeis ist es zu verdanken, dass die Bilder der Kinder eine hohe Intensität ausstrahlen und ihnen trotz äußerster Not vielleicht auch Orte der Zuflucht boten. Wir wissen es nicht. So schreibt Ulrike Müller:»Daran, dass sie [die Kinderzeichnungen] kaum etwas von den Schrecknissen des Lageralltags wiedergeben, lässt sich ablesen, dass es Friedl Dicker gelang, die Kinder immer wieder für einige Stunden am Tag in eine andere, heilende Welt jenseits aller Traumata und Todesängste zu entführen, obwohl ihr Leben selbst bedroht war. In dieser zutiefst unmenschlichen Umgebung verfolgte sie das Ziel einer ganzheitlich-humanistischen Erziehung mit Mitteln der Kunst.« (Müller 2009, S. 41)

Friedl Dicker-Brandeis war als Jüdin, Kommunistin und Künstlerin einer als »entartet« verfolgten Kunst im Nationalsozialismus selbst bedroht. Im Aufsatz *Kinderzeichnungen* verfasste sie noch in Theresienstadt 1943 kunstpädagogisch-theoretische Überlegungen:»Also sollte dem Kind uneingeschränkt vertraut werden. Wenn wir das Beste für das Kind tun wollen, geben wir ihm Material und ermuntern es, mit der Arbeit zu beginnen. In diesem Stadium sind alle unsere ›ästhetischen‹ Bewertungen sinnlos.« (ebd.) Dieses uneingeschränkte Vertrauen zu den Ressourcen des Menschen (und der Kraft der Bilder) benötigen wir in der (Kunst-)Therapie. Erna Furman, die mit Friedl Dicker-Brandeis im Konzentrationslager zeichnen durfte, schreibt: »Die Erinnerungen an Friedls Malstunden gehören zu den schönsten in meinem Leben. Das hört sich sicher komisch an, weil ich diese Stunden in Theresienstadt verbracht habe, aber ich glaube, es wäre überall auf der Welt so gewesen für mich« (Makarova 1999, S. 41), und Dita Kraus bestätigt: »Es war erlaubt, die Welt anders zu sehen, als sie war« (ebd.). Bilder schaffen Perspektivenwechsel und Möglichkeitsräume. Ein Bild, das wir als stimmig erleben, löst weitere Bilder aus. Und es gibt Zeugnis von Menschen, die gelebt haben. Friedl Dicker-Brandeis arbeitete pädagogisch, dennoch hatte ihre Arbeit (kunst-)therapeutische Wirkung. Bilder spenden Trost durch ihr Dasein.

Kreativität

In der therapeutischen wie künstlerischen Arbeit können Widerstände auftreten, kann ein vermeintlicher Stillstand erlebt werden, der Frustrationstoleranz und Geduld (auch der TherapeutIn) erfordert. Doch gerade diese Phase ist, das erfährt man im Nachhinein, meist die kreativste und produktivste. Der Philosoph Hans Gadamer meint: »Wer kennt das nicht, dieses quälerische Gefühl bei der kreativen Arbeit. Aber wenn etwas zustande gekommen ist, dann haben wir wieder einen Halt in dem fremden Geschehen, das uns umgibt. Vielleicht ist das ein tiefes Gefühl der Gelassenheit, nach dem wir streben. Aber dieses Gefühl, nennen wir es Glück, kommt erst nach der kreativen Anstrengung, der wir uns immer wieder ausliefern müssen.« (Gadamer, zit. nach Holm-Hadulla 2002, S. 43)

Dieses Glücksgefühl der kreativ-fordernden Arbeit wirkt stabilisierend und heilend. Vor allem der Sinngehalt schöpferischer Arbeit sowie die Überwindung innerer und äußerer Widerstände werden als beglückend erlebt und damit die Tatsache, selbst etwas zu erschaffen anstelle eines Konsums vorgefertigter Güter. Konsum erzeugt Neid, soll auch durch die Werbung Neid erregen und schafft meist nur kurzfristige Befriedigung. Diese Begierden können zu kriminellen Handlungen führen. In den Justizvollzugsanstalten Dresden und Torgau fanden mit den Insassinnen Schattentheaterprojekte statt. Die Stücke enthielten Szenen aus dem Alltagsleben der Protagonistinnen, spiegelten aber auch Hoffnungen und Wünsche. Sie spielten ebenso mit dem Thema »Schatten« in seiner Vielschichtigkeit. Die Schauspielerinnen fühlten sich geschützt hinter der transparenten Wand und konnten doch mit dem Publikum Kontakt aufnehmen (Dick 2012). Manchmal bedeutet das Gestalten einfach ein Innehalten. Oft entsteht ein Zustand der Selbstvergessenheit innerhalb kreativer Prozesse. Hier geht es auch um das Kohärenzgefühl, das Ausmaß, in dem eine Person das Leben (wieder) als sinnvoll und handhabbar empfindet.

Kreativitätstheorien sehen in der Kreativität eine Möglichkeit, das allerursprünglichste, existenzielle Chaos in einer strukturierenden, sinnbildenden Handlung gestaltend abzuwenden. Ich meine, dass kunsttherapeutische Arbeit Halt und Struktur innerhalb eines drohenden Chaos vermitteln kann, gerade wenn die Welt aus den Fugen zu geraten droht oder bereits geraten ist. Unsere bunte Warenwelt erzeugt auch Gier, die letztlich unbefriedigt bleibt, innere Leere und Neid erzeugt. Eine andere, innere Befriedigung entsteht durch sichtbare, eigene Gestaltungen.

Die Gestaltung ist ein Sinnbild der Lebenserhaltung. Das heißt, dass immer, wenn wir etwas Neues erschaffen, auch etwas Altes zerstört und überwunden wird. Rainer Holm-Hadulla spricht von Kreativität zwischen den Polen von Schöpfung und Zerstörung. Kreativität wird oft mit Spaß gleichgesetzt, ohne zu bedenken, dass sie generell vonnöten ist, um dem Leben flexibel zu begegnen, es sinnvoll und befriedigend zu gestalten. Kreativität wird andererseits in fast allen Lebensbereichen eingefordert, auch, um mit einer Welt Schritt halten zu können, die sich turbulent wandelt. Es ist aber nicht das Wesen von Kreativität, sich nur den äußeren Bedingungen anzupassen. Sie darf Freude bereiten, wird aber auch anstrengen. Ähnlich dem Paradoxon *Sei spontan!* lässt sich Kreativität nicht erzwingen, sondern benötigt Zeit, Raum und eine gewisse

Absichtslosigkeit, um sich entfalten zu können; doch man kann sie üben und stützen (Holm-Hadulla 2011).

Die Linie im Bild

Kinder haben meist eine ursprüngliche Freude am Gestalten. Die ersten Kritzellinien der Kinder im ganzen Blatt könnten ihrer Lust entsprechen, sichtbar ihre Aktivität abzubilden. Die Verdichtung dieses Kritzelns zum Kritzelknäuel zeigt den Beginn eines Zentrums. Die geschlossene Form symbolisiert eine erste Abgrenzung, hat ein Innen und Außen, ein Ich und ein Nicht-Ich. »Interpretierend könnte man sagen, das Kind hat durch den Erwerb der Fähigkeit, einen Kreis zu schließen und einen Mittelpunkt zu setzen, zu einem ersten globalen Selbstgefühl gefunden.« (Bachmann 1985, S. 92f.)

Abb. 3: Kinderzeichnung (Junge, 2 Jahre, 11 Monate)

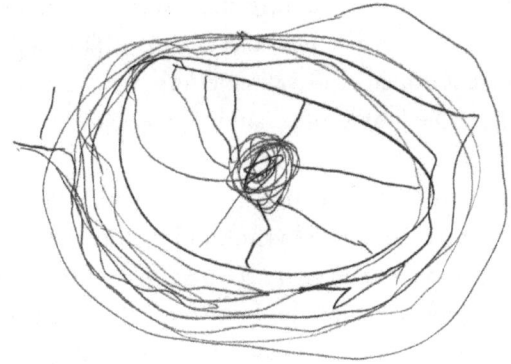

Ausdruck einer expansiven Kontaktform sowie des abgrenzenden, diese Figur zugleich integrierenden Kreises

Kreuze oder Quadrate strukturieren und schaffen Halt. Die Pulspunkte, mehr Punkt als Linie, geben dagegen den inneren Rhythmus wieder, spiegeln Herz und Atmung sowie die Freude an der eigenen Vitalität. Diese Ausdrucksformen mischen sich und tauchen in unterschiedlichen Ausprägungen auch in den Bildern Erwachsener auf, nicht als regressive Elemente, sondern als Ausdruck eines entsprechenden, aktuellen Erlebens. Mit den Anmutungen und Analysen dieser Formen können wir (formanalytisch) arbeiten. Es sind Urformen menschlichen Ausdrucks, »Urformen der Abgrenzung und Kontaktaufnahme« (Schmeer 1992, S. 52–57). Lineare (Bewegungs-)Übungen ähneln den unangestrengten Kritzeleien von Kindern mit vertrauten Stiften. Sie können eine gewisse Spontaneität fördern oder anfängliche Ängste dem weißen Blatt gegenüber mildern. Diese Ängste haben unterschiedliche Gründe wie die Angst, sich zu öffnen, nicht malen zu können oder den Ausdruck nicht kontrollieren zu können. Das Angebot kleiner Formate nimmt diese erste Angst und überwältigt nicht durch den Bildausdruck. Im Impulsverlauf (siehe Abb. 4, S. 41) werden 10 Bildfolgen à 30 Sekunden mit Bleistift (Farbstift) auf DIN-A4-Formaten gezeichnet; bei manchen PatientInnen reichen der Konzentration wegen bereits fünf Zeichnungen aus. Im Impulsverlauf soll das, was formal oder inhaltlich im ersten Blatt wichtig erscheint oder auffällt, im zweiten Blatt aufgegriffen werden. Im dritten Blatt wird wieder zeichnerisch etwas, das einem auffällt, aus dem zweiten Blatt mitgenommen und weitergeführt usw. Die Blätter werden nummeriert. Die Reihe kann nun in ihrem Gestaltungsverlauf betrachtet werden.

Der Bild-Fokus wird mit folgenden Fragen gesetzt: Was ist das Typische jeder Sequenz? Welcher Rhythmus klingt durch? Wie verläuft der Impuls von einem Blatt zum nächsten? Wo entsteht Neues innerhalb der Reihe? Welche Inhalte bestimmen die Bilder? Wie könnte der Titel heißen? Welche Gefühle traten auf? Welches Blatt ist am wichtigsten? Schon dadurch führen Gespräche zu ähnlichen Themen in der aktuellen Situation oder zu erinnerten Lebensstationen, die wiederum (bildnerisch) bearbeitet werden können.

Es genügt jedoch die Abschlussfrage »Welches Blatt ist besonders wichtig?« als Grundlage einer Bilderweiterung: Ein Bild des Impulsverlaufs wird ausgewählt und auf ein größeres Blatt übertragen.

Abb. 4: Impulsverlauf

10 Bildfolgen à 30 Sekunden mit Bleistift auf DIN-A4-Formaten als
Einstiegsübung

Abb. 5: Bilderweiterung des Impulsverlaufs

Ein neuer formaler Bezugsrahmen verändert auch die Inhalte

Dem neuen Bezugsrahmen dieses Blattes folgen wiederum Bilder und Gedanken. Formale Übungen bieten für viele Menschen einen guten Einstieg in ihre eigene (Bild-)Welten und befreien von dem Anspruch, ihr Anliegen möglichst eindeutig abzubilden: Zentrale Themen fließen sowieso in das Bild, auch bei formaler Anleitung. Jene die Kreativität blockierenden Fragen des »schönen« oder »schlechten« Bildes, des Neides oder der Konkurrenz, bleiben aus.

Ein Patient des Drogenentzugs z. B. saß bis zu dieser Übung weitgehend teilnahmslos in der Kunsttherapie, wollte aber nicht an einer anderen Therapie teilnehmen und meinte, Entspannungsübungen seien »noch schlimmer«. Aus diesen Worten spürte man die Angst, die seinem Widerstand zugrunde lag. Er sprach zunächst nicht, Ortheils kleinem Jungen ähnlich, war aber offensichtlich beteiligt. Er betonte zum Abschied sehr, wie wichtig ihm die formal gestellten Themen waren, die letztlich inhaltlich für ihn stets bedeutend wurden (wie z. B. Collagen oder rezeptive Bildarbeit). Er malte stets nur das, was ihm wichtig war, und sprach nicht viel dazu, saß anschließend wieder aufmerksam dabei.

Das Zeichen im Bild

Humorvoll war eine 70-jährige Psychiatriepatientin, die, auf ihr vernachlässigtes Aussehen angesprochen, grundsätzlich provokativ reagierte: »Ich kann doch so rumlaufen; ich bin doch verrückt.« Sie war zwangseingeliefert worden und darüber immer noch wütend. Innerhalb eines Kunsttherapie-Projekts wollte sie ein »A« in einem Kreis darstellen als Zeichen für Anarchie. Da dies nicht möglich war, da alle Patientenarbeiten zusammen eine öffentliche Skulptur ergaben und gemeinsam abgestimmt wurde, entwickelte sie ein Alpha A in einem Omega Ω. Die dadurch geschaffene Mehrdeutigkeit ihres Steinreliefs gefiel ihr ebenso wie die Tatsache, dass sie wusste, dass die Gruppe wusste, was sie eigentlich meinte. Im Laufe des Projekts begann sie, ihre dritten Zähne einzusetzen, und ging zum Friseur, ohne dass dies thematisiert wurde. Sie fühlte sich in der Gruppe verstanden und ernst genommen. Sie gewann an Selbstakzeptanz.

Auf der Rückseite des Reliefs entstand eine sich nach außen drehende Spiralform, Symbol auch einer zunehmenden Offenheit der Patientin (bereits das Omega öffnete den Kreis). Die Spirale ist nicht sehr weit geöffnet. Doch sie spiegelt eine behutsame Bewegung von innen nach außen wider. Kunsttherapie bestärkt die Menschen darin, etwas Eigenes aktiv in eine stimmige, für die MalerInnen erträgliche Form zu fassen, es sichtbar zu formulieren (Titze 2011). Je reduzierter Bilder sind, desto offener werden sie für projektive Ebenen und den Eintritt in eine Fantasiewelt. Scott McCloud zeichnet und beschreibt in einem Comic über Comics, wie die Abstraktion der Bildelemente durch ihre Universalität und Offenheit Identifikationen unterstützt oder erst ermöglicht. Das differenziert gezeichnete Gesicht ist ein anderer – die stilisierte Figur dagegen könnten auch wir selbst sein (McCloud 2001).

Die Vorliebe für Comics bietet speziell bei Jugendlichen Anknüpfungspunkte für Kunsttherapieangebote, da die Art des Zeichnens auf vertraute Weise die Erzählung stützt. Die Kombination von Wort und Bild öffnet die visuelle und sprachliche Verständigung. Viele kunsttherapeutische Methoden schaffen durch ihren nonverbalen Anteil die Möglichkeit, sich auch ohne viele Worte zu verständigen. Sie sind dadurch eine Hilfe auch zur interkulturellen Verständigung oder als Ausdruck für Emotionen, die schwer zu beschreiben sind. Emoticons (»Smileys«) werden beispielsweise in E-Mails global zur Kommunikation genutzt, weil die Texte keine Mimik erkennen lassen. Gerade für Jugendliche, die sogenannte Emoticons häufig nutzen und oft große Scheu vor längeren Gesprächen oder größeren Bildern haben, bieten Resonanzbilder ein vertrautes Terrain der Äußerung. In der Kunsttherapie bieten sie ein verdichtetes Bild, eine Ergänzung der Eindrücke (Giersch 2010).

Resonanzbilder

Resonanzbilder werden, Piktogrammen ähnlich, schnell mit einem schwarzen Filzstift gezeichnet. Sie beziehen sich auf eine Gestaltung oder eine Situation innerhalb der (Therapie-)Gruppe, greifen etwas scheinbar Fremdes auf. Ein Begriff oder Satz auf der Bildrückseite ergänzt die Zeichnung. (Kunst-)Therapeutische Relevanz erhält die Resonanzbildmethode unter anderem durch das kleine Format (18 × 21,5 cm) und die klare Schwarz-Weiß-Grafik; die daraus folgende Verdichtung der Aussage vermittelt Distanz zum (emotionalen) Geschehen und verdeutlicht die eigene Wahrnehmung des Bildes. Die Betrachtung enthält oft einen Überraschungseffekt, da sich die auf ein Gegenüber gerichtete Resonanz nun auf den zeichnenden Menschen selbst bezieht: Lösungen, für andere gedacht, entwickeln eine Antwort auf ein eigenes Problem; Projektionen verdeutlichen sich. Diese Erkenntnisse überwältigen jedoch nicht.

Resonanzbilder erfolgen oft auf ein Initialbild aus der (Therapie-)Gruppe. Die Methode wurde von Gisela Schmeer entwickelt, daher auch ein Beispiel von ihr selbst. Das Initialbild *Seiltanz* stellt eine momentane Lebens- und Arbeitssituation dar. Ein Kompagnon ist aus einem gemeinsamen Projekt ausgestiegen. Herr D. sagt: »Es ist ein Seiltanz. Es ist eine enorme Belastung, psychisch und körperlich. Allerdings – das Ganze bringt mir auch Bewunderung ein.« Bewunderung und Neid liegen dicht beieinander und lösen viele Gefühle bei den Mitmenschen aus: Das Bild erhielt sieben Resonanzbilder aus der Gruppe. Gisela Schmeer betont die Abweichung der Resonanzbilder in Inhalt und Form von dem Originalbild, auf das sie sich beziehen. Jedes Resonanzbild ist eine individuelle Variation des Originals, das in klarer und deutlicher Form unerwartete eigene Anteile erkennen (und integrieren) lässt. Resonanzbilder zeigen unterschiedliche Facetten des gleichen Themas und verdeutlichen gleichzeitig individuelle Blickpunkte des Ausgangsbildes (Schmeer 2008).

Eine ergänzende Progressive Therapeutische Bildgeschichte erzeugt eine neue Ordnung und Deutung der Bilder. Sie wird einem übergeordneten Thema zugeordnet. Hier wird nur auf das Bild, nicht auf die Worte der Rückseite geachtet. Eine neue Lebenssicht desjenigen, auf dessen Bild die Resonanzzeichnungen erfolgten, entsteht. »Abschied vom Publikum« wird die abschließende Überschrift zur Geschichte des Seiltänzers. Sie erleichtert: Sie befreit von der Abhängigkeit anderer, vom Bedürfnis nach Bewunderung und der Anstrengung dazu und legt ein unnötig schweres Gewicht ab. Die Handlung im Bild ist eine Probehandlung, die noch nicht in den Alltag integriert wurde. Doch sie ist ein visuelles »Vor-Bild« einer möglichen neuen Seh- und Handlungsweise, und jener Perspektivenwechsel wurde bereits aktiv geübt.

Perspektivenwechsel

Bildgeschichten verdeutlichen und strukturieren zeitliche Abläufe und Handlungen. In einer Bilderfolge von Sempé geht die Mutter mit dem Sohn zum Psychiater. Sie spricht auf ihn ein, zeigt auf den Sohn, wird zunehmend aufgeregter und bricht schließlich in Tränen aus. Schließlich liegt sie an Stelle des Sohnes, der, von der Dramatik weitgehend unberührt, ruhig an gleicher Stelle stehen bleibt, auf der Couch. Nacherzählt ist diese Geschichte nicht so heiter wie die Betrachtung von Sempés Zeichnungen, da das Überraschungsmoment fehlt, das die Bildsequenz erzeugt. Nicht zuletzt wirkt der Perspektivenwechsel, wie er bei Sempé offenkundig wird, nachhaltiger bzw. tritt oft erst ein, wenn er sinnlich erfahren wird.

Bildfolgen und Bilddialoge sind eine nonverbale Form kunsttherapeutischer Prozesse (siehe Abb. 6, S. 47). Eine kunsttherapeutische Möglichkeit, Handlung zu erproben, ist die Transparentpapiermethode. Sie ist angelehnt an das tiefenpsychologische Progressive Therapeutische Spiegelbild von Benedetti/Peciccia (Meng 2012). Doch auch KünstlerInnen oder ArchitektInnen erproben Änderungen mit Pauspapier. Da die folgenden Übungen nicht tiefenpsychologisch orientiert sind, sondern sich vor allem auf die Struktur und Dynamik der Zeichnung beziehen, nenne ich sie »formanalytisches Spiegelbild« (Titze 2011).

Das formanalytische Spiegelbild achtet sehr auf die formale Handhabung der Darstellung. Das Bild der Malerin wird von der Therapeutin graduell verändert, indem es durchgepaust und mit einer kleinen, lösungs- und handlungsorientierten Korrektur nachgezeichnet wird. Die Methode entspricht einem Probehandeln und achtet auf Inhalt *und* Form. Es arbeiten abwechselnd die Patientin und die Therapeutin; die Patientin beginnt mit einer Irritationsskizze. Da ein Transparentpapier transparent ist, kann man das Blatt umdrehen, um die Blickrichtung, Handlungsweise und Psychodynamik zu ändern. Oben und unten, rechts und links lassen sich tauschen, Figuren vergrößern, verkleinern, im Blatt verschieben oder ergänzen. Zusammenhänge lösen sich, werden geschaffen, strukturieren oder öffnen sich. Skizzen verdeutlichen die Dynamik eines Konflikts oft stärker, da sie mit möglichst wenig Linien in kurzer Zeit eher die inhaltliche Essenz herausschälen, die in ausführlich gemalten Bildern auch vieldeutig verschleiert werden kann.

Das Nachzeichnen der Therapeutin fördert die Einfühlung in das Bild, weil es sowohl gedanklich und als auch über das Auge

Abb. 6: Spiegelbildsequenz (Titze 2011)

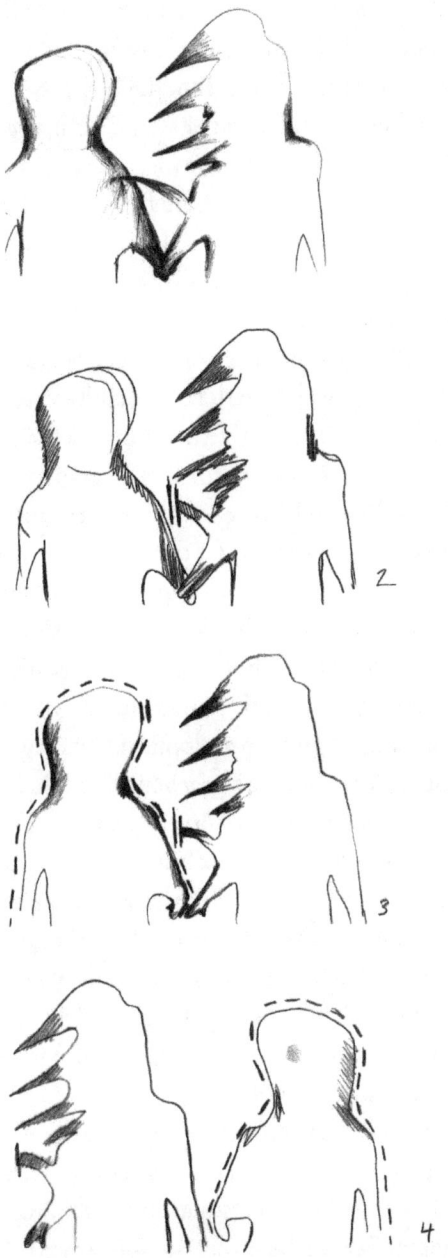

Bildsequenzen sind eine nonverbale Form kunsttherapeutischer Prozesse.

und die Bewegung der Hand nachvollzogen wird. Einzelne Veränderungsschritte der im Bild erprobten Lösungen bleiben für alle sichtbar, da die Struktur des Konflikts und seiner Lösung bildhaft vor Augen bleibt. Die eigene Verantwortung innerhalb des Konflikts wird anschaulich. Im Beispiel führt bereits eine einmalige Verschiebung der linken Person zu einer Erkenntnis, die zunächst im Prozess nicht wahrgenommen wurde: Die stachelige Person hat auch eine weiche Seite. Auf diese könnte man sich beziehen, um nicht weiter verletzt zu werden. Diese Erkenntnis ist erleichternd. Ob der Stachel der verletzenden Person ein »Stachel des Neides« ist, wurde nicht besprochen. Nachvollziehbar wird in der Sequenz jedoch der Prozess der Überlegung, welche Arten des Schutzes ausprobiert und wieder verworfen wurden, weil sie nicht ausreichten.

Sehr deutlich wird in der Bildebene sowohl für den Therapeuten als auch für den Klienten die Mehrschichtigkeit selbst der einfachen Skizze. Die Irritation kann ein eigenes oder das Problem eines anderen darstellen. In einem Beispiel wird die Frage aufgeworfen, wie man dem täglichen Elend, der Ungerechtigkeit in der Welt begegnen kann. Zwei Menschen sind gezeichnet: Einer sitzt, schaut hoch und bettelt – ein anderer geht vorbei. Nun können wir im therapeutischen Zusammenhang kaum sozialpolitische Fragen lösen. Hier wurde eine bescheidene Antwort gegeben: Der Therapeut hat dem Menschen, der an dem Bettler vorübergeht, ein Gesicht gezeichnet. Der Blick auf den anderen ist ein erster Schritt. Der Klient hatte daraufhin den Impuls, den Bettler aufstehen zu lassen. Danach schauen sich die Figuren letztlich auf Augenhöhe gegenseitig an. Vielleicht geht es nicht (nur) um materielle Werte, sondern um Beachtung und letztlich Achtung: Es geht nicht um den besonderen Blick, sondern um den Blick an sich, der besonders ist. Man erhält Ansehen durch ein Gegenüber.

Ist eine gute Reflexion möglich, kann durchaus der eigene Anteil innerhalb des Bildes angesehen werden, hier vielleicht im Rahmen der Überlegung, wie in der konkreten Situation (unabhängig von der Weltsituation) einem Bettler begegnet wurde, eventuell kann weiterführend die Frage gestellt werden, wer wen in der eigenen Biografie oder in einer aktuellen Situation in dieser Form gesehen bzw. nicht gesehen hat. Auf der Bildebene gibt es, ähnlich wie in der Traumdeutung, die Subjekt- und Objektebene, d. h. der Konflikt wird bewusst als aktuelle Situation mit unterschiedlichen Protagonisten dargestellt; gleichzeitig vertreten Bildelemente die unterschiedlichen seelischen Anteile des Malers, der Malerin selbst. Ein dritter Blick würde auf der innerseelischen Ebene beleuchten, welcher eigene Anteil bisher ignoriert wurde, den man an sich selbst mit eigenen Augen liebevoller betrachten könnte. Dennoch kann ganz bewusst nur auf der Bildebene gearbeitet werden. Bereits diese erste Ebene lässt ein (neues) Lösungsverhalten erproben und ist wirksam.

Oft setzt Humor Anker der Erkenntnisse. Er kann die Selbstakzeptanz stärken – eine Grundlage des Gönnens, die wiederum den Neid verblassen lässt. So brach eine Klientin in schallendes Gelächter aus, als sie ein Chamäleon betrachtete, das sie sehr farbig in ein Bild gesetzt hatte: Dieses Tier war ursprünglich, nach einer Imagination, als Hilfs-Ich gedacht. Es sollte ihr als Vorstellung helfen, um in einer aktuellen Konkurrenzsituation nicht sofort »sichtbar« nach außen zu treten, sondern, wie die Klientin geäußert hatte, »sich diplomatischer zu verhalten, mehr anzupassen, weniger aufzufallen«. Vielleicht ging es auch darum, keinen Neid zu erwecken? Nach Beendigung des Bildes wusste die Klientin in einer visuellen Erkenntnis: »Ich bin farbig und falle auf. Ich möchte mich wohl gar nicht meiner Umgebung anpassen. Es entstehen dadurch Konflikte, doch ich werde wahrgenommen.« Mit diesem neuen Selbstbewusstsein, dass erst durch die Ausführung des Bildes möglich wurde, konnte sie sich der konflikthaften Situation positiv stellen. Ein *Reframing*, ein bildhafter Perspektivenwechsel, wurde möglich.

Das Bild des Chamäleons erzeugte ein erneutes Erstaunen der Klientin, als ich ihr Bild für einen Beitrag anfragte. Sie war verblüfft darüber, wie klein das Chamäleon gezeichnet war, denn in ihrer Erinnerung war das Tier prächtig und farbig und fiel sofort ins Auge. Am Computer überarbeitete sie daraufhin das Bild, um in einer zweiten Version die Entwicklung präsent zu haben. Kunsttherapie ist vor allem ein bewusster Akt der Gegenwart. Ein Bild ist mehr als ein Spiegel, denn es enthält Zeit. Indem wir der Zeit ein Bild entringen, schaffen wir uns selbst einen bleibenden Wert, der sich Veränderungen des Gedächtnisses widersetzt (Titze 2011).

KunstTherapieProjekte

Zwischen den Gebilden Pädagogik, Therapie und Kunst siedeln KunstTherapieProjekte. Sie vermitteln eher präventive Qualitäten und fördern Freiräume innerhalb eines verbindlichen Konzepts. Der Kunstanspruch des Konzepts und der therapeutisch sinnvolle, individuelle Ausdruck stützen sich gegenseitig. Prävention im kunsttherapeutischen Sinne versucht, die schöpferischen Kräfte der Menschen zu bündeln und zu fördern, um sie in Krisensituationen entsprechend zur Verfügung zu haben (Hellinger/Titze 2007). Das Körperbildprojekt »Wir sind schon da« ermöglichte es, fast 700 SchülerInnen an der Schnittstelle zwischen Kunst, Pädagogik und Therapie in ein Kunstprojekt zu integrieren – ein Kunstprojekt des Aufbaustudiengangs KunstTherapie der Hochschule für Bildende Künste Dresden in Kooperation mit dem Evangelischen Kreuzgymnasium Dresden und dem Künstler Thomas Hellinger.

Auslöser des Projekts war der bevorstehende, für viele bedrohlich erscheinende Umzug der Schule in ein abgewohntes, weit entferntes Interimsgebäude für zwei Jahre. Kern ist der präventive (kunst-)therapeutische Charakter des Projekts, mit einem krisenhaften Ereignis aktiv und kreativ umzugehen, anstatt es passiv leidend zu erwarten. Eine Probehandlung kann zu einem Muster für aktive Krisenbewältigung werden. Ziel des Projekts war ein Ebenbild jeder Schülerin und jedes Schülers, das sie bereits in den neuen Räumen erwartet und das zusammen mit den KameradInnen und LehrerInnen Vertrautheit bietet. Die Jugendlichen sollten sich mit ihrer Ankunft im Gebäude (und in Ansätzen mit sich selbst) auseinandersetzen; die Kernfrage der Arbeit war dabei: »Wie möchte ich mir dort begegnen?« Ein zusätzliches Ziel war die künstlerische

Ausgestaltung des renovierungsbedürftigen, fremden Interims-gebäudes, das einladend wirken sollte.

Abb. 7: Körperbildprojekt (Treppenhaus »Sportler«)

KunstTherapieProjekte vermitteln vorwiegend präventive Qualitäten.

Körperumrissbilder sind eine bestimmte Variante unterschied-licher Körperbildmethoden; sie werden ausgearbeitet, nachdem man liegend auf oder stehend vor einem großen Blatt Papier eine eigene Position gewählt hat, die sorgfältig umrandet worden ist. Die Arbeit mit dem Körperbild interpretiert wie das Portrait direkt das eigene Abbild. Die Umrisszeichnung schafft eine sehr intime Nähe, gefolgt von einer gewissen Distanz der Betrachtung. Die Phase der Ausarbeitung kann eine hohe Selbst-Konfrontation durch das Bild erzeugen, aber auch eine angenehme Versunkenheit im Kontakt mit sich selbst. Danach kann eine Übung den Umgang mit dem Bild erleichtern oder verstärken.

Die Körperbilder des Projekts wurden mit einer Einführungs-übung in der ersten Stunde begonnen, anschließend umrandeten sich die SchülerInnen gegenseitig. In den folgenden zwei Stunden wurden die Bilder gestaltet. In der vierten Stunde wurden die Bil-der ausgeschnitten, um wieder mittels einer Übung in den Dialog zu ihren UrheberInnen zu treten. Es begleiteten je zwei oder drei

KunstTherapie-StudentInnen bis zu 15 SchülerInnen. Zusätzlich gab es Samstagsangebote zur Vertiefung oder Nacharbeit, für Eltern und LehrerInnen.

Innerhalb des thematisierten Umzugs wurde die Frage nach der eigenen Darstellung immer wichtiger. 687 lebensgroße, phantasievoll gemalte Bilder hingen für zwei Jahre in den Treppenhäusern, Speise- und Aufenthaltsräumen und einigen Gangabschnitten. So ergaben alle Individuen wieder ein Gesamtbild der Schülerschaft. Die Suche nach sich selbst im neuen Gebäude wurde ebenso spannend wie die Frage nach dem Bild neben der eigenen Figur. Eine Schülerin schrieb: »Andere würden ein Gemälde wohl nicht mit der dazugehörigen Person identifizieren können, aber jeder Einzelne erkennt sein Bild, unter hunderten, an eine Wand geklebt, wieder. Denn jeder hat sich als Individuum dargestellt. Jeder hat sich gemalt, gezeichnet, gedruckt oder geklebt, wie er sich sieht und womit er sich identifiziert.« (Titze/Hellinger 2007, S. 54) Jedes Bild ist wichtig und gehört dazu.

Literatur

Bachmann, H.I. (1985): Malen als Lebensspur. Klett-Cotta, Stuttgart 1985.

Belting, H. (2001): Bild-Anthropologie. Wilhelm Fink, München.

Dick, Y. (2012): Zwischenwelt. Ein Schattenspielprojekt. In: Titze, D./ HfBK Dresden (Hg): Zeichen setzen im Bild. Zur Präsenz des Bildes im kunsttherapeutischen Prozess. Sandstein, Dresden, S. 189–196.

Friesen, M. (2012): Du siehst niemals etwas zum ersten Mal! In: Titze, D./Hellinger, T./HfBK Dresden (Hg): Zeichen setzen im Bild. Jede Linie ist eine Weltachse. Sandstein, Dresden, S. 12–15.

Giersch, S. (2010): Visuelle Formen des Denkens. Infografische Einflüsse in Bildern aus kunsttherapeutischem Kontext. Unveröffentlichte Diplomarbeit Aufbaustudiengang KunstTherapie HfBK Dresden.

Hellinger, T./Titze, D./HfBK Dresden (Hg.) (2007): Wir sind schon da. Ein Körperbildprojekt. Sandstein, Dresden.

Holm-Hadulla, R. M. (2002): Der schöpferische Prozess. In: Psychologie Heute, März, S. 34.

Holm-Hadulla, R. M. (2011): Kreativität zwischen Schöpfung und Zerstörung. Vandenhoeck & Ruprecht, Göttingen.

Khoshlessan, C. (2008): Kinderzeichnungen 1930–1945. Eine kunsttherapeutische Betrachtung. Unveröffentlichte Diplomarbeit. Aufbaustudiengang KunstTherapie HfBK Dresden.

Kris, E. (1964): Psychoanalytic Explorations in Art. New York. Zitiert nach: Melot, Michael (1975): Die Karikatur. Das Komische in der Kunst. Kohlhammer, Stuttgart, S. 11.

Makarova, K. (1999): Das Leben ist schön. In: Süddeutsche Magazin, Nr. 39, S. 32–41.

McCloud, S. (2001): Comics richtig lesen. Die unsichtbare Kunst. Carlsen, Hamburg.

Meng, T. (2012): Bild- und Sprachdialog. Das Progressive Therapeutische Spiegelbild. In: Titze, D./HfBK Dresden (Hg): Zeichen setzen im Bild. Zur Präsenz des Bildes im kunsttherapeutischen Prozess. Sandstein, Dresden, S. 86–93.

Müller, U. (2009): Bauhaus-Frauen. Meisterinnen in Kunst, Handwerk und Design. Friedl Dicker 1898–1944. Sandmann, München, S. 41.

Ortheil, H.-J. (2009): Die Erfindung des Lebens. 8. Aufl. Luchterhand, München.

Pickshaus, P. M. (1988): Kunstzerstörer. rororo enzyklopädie/kulturen und ideen. Rowohlt, Reinbek bei Hamburg.

Sacks, O. (2011): Das Innere Auge. Neue Fallgeschichten. Rowohlt, Reinbek bei Hamburg.

Saint Phalle, N. de (1980): Retrospektive 1954–80. Katalog Wilhelm-Lehmbruck-Museum der Stadt Duisburg.

Saint Phalle, N. de (2000): Der Tarotgarten 4. Aufl. Benteli, Wabern-Bern.

Schmeer, G. (1992): Das Ich im Bild. Ein psychodynamischer Ansatz in der Kunsttherapie. Klett-Cotta, Stuttgart.

Schmeer, G. (2008): Die Resonanzbildmethode. Ein Ansatz zu systematischer kunsttherapeutischer Forschung. In: Titze, D./Hochschule für Bildende Künste, Dresden (Hg.): Resonanz und Resilienz. Zu den heilsamen und unheilvollen Kräften menschlicher Schwingungsfähigkeit. Sandstein, Dresden, S. 18–34.

Titze, D. (2011): Überzeichnungen. In: Wild, B. (Hg.): Humor in der Therapie. Schattauer, Stuttgart/New York, S. 148–164.

Titze, D. (2012a): Das Bild an sich. Zur Präsenz des Bildes im kunsttherapeutischen Prozess. In: dies./Hochschule für Bildende Künste, Dresden (Hg.): Zeichen setzen im Bild. Zur Präsenz des Bildes im kunsttherapeutischen Prozess. Sandstein, Dresden, S. 317–324.

Titze, D. (2012b): Die Linie im Bild. Zeichnungen im kunsttherapeutischen Kontext, in: dies./Hochschule für Bildende Künste, Dresden (Hg.): Zeichen setzen im Bild. Zur Präsenz des Bildes im kunsttherapeutischen Prozess. Sandstein, Dresden, S. 117–125.

Die »Integration« des Schattens
Vom Nutzen und Schaden von Neid, Minderwertigkeit und anderen Schattenaspekten

Zunächst eine kleine Vorbemerkung. Der Vortrag, dem dieser Aufsatz zugrunde liegt, wurde gehalten am *Festum Omnium Sanctorum*, am Allerheiligentag also, und es bietet sich an, in einigen vorläufigen Gedanken das Schattenthema auf dieses Datum anzuwenden. All Hallows' Eve (Halloween), Allerheiligen und Allerseelen bilden an drei aufeinanderfolgenden Tagen die Ambivalenz abendländischer Tradition in Bezug auf die dunklen Aspekte des Menschseins ab. Einerseits gruselt man sich in dieser Nacht und hält mit wohligem Schauer der Finsternis den erleuchteten Kürbiskopf entgegen. Auch die Grabpflegetradition an diesen Tagen spricht für eine bewusste Hinbewegung auf ein zentrales, im Schatten liegendes Thema: den Tod. Andererseits sind da die Heiligen – dargestellt als Schattenlose, wie etwa die gänzlich ohne Sünde seiende Maria, dargestellt als Schattenüberwinder, wie etwa Paulus, der mit seinen dunkel-negativen Aspekten endgültig fertig geworden zu sein scheint, oder sie sind gar Schattenvernichter in einem grandiosen Feldzug gegen alles Schattenhafte im Menschen oder in der Welt (vgl. den Beinamen *Matamoros*, Maurentöter, für den Hl. Jakobus). Die »bezeichnenden Eigenschaften eines Heiligen« sind »Askese allen weltlichen Dingen gegenüber, sexuelle Enthaltsamkeit, vollkommene Hingabe an Christus«, sie sind dargestellt »ohne Fehl und Tadel« (Wolf 2004, S. 31) und stehen mit ihrem für die Heiligsprechung notwendigen »heroischen Tugendgrad«, in unserem Zusammenhang für die christlich-abendländische Hoffnung einer endgültigen Überwindbarkeit des Schattenhaften.

I. Der Schattenbegriff

Nach den bereits sehr umfassenden Überlegungen C. G. Jungs zum Begriff des Schattens, dessen Weiterentwicklung durch seinen Schüler und Kritiker Erich Neumann und in unserer Zeit durch Verena Kast, fällt es zunächst einmal schwer, dem Thema etwas wirklich Relevantes hinzuzufügen. Es bietet sich daher an, unsere abendländische Tradition zumindest vorübergehend hinter uns zu lassen und auf außereuropäische Traditionen, vor allem Ostasiens, zu blicken, in denen, wie wir sehen werden, durchaus Wichtiges zu unserem Thema gesagt ist.

Zunächst aber gilt es kurz zu bestimmen, wovon wir eigentlich sprechen, wenn vom Schattenthema die Rede ist. Der Begriff des Schattens weist uns in erster Linie darauf hin, »dass wir nicht nur so sind, wie wir uns gerne sehen, sondern er konfrontiert uns damit, dass wir gerade das, wogegen wir uns bewusst immer wieder entscheiden, dennoch in unserer Seele auch vorfinden«, meint Verena Kast (1992, S. 242) und weist damit sowohl auf die unbewussten Komponenten des Schattens als auch auf die Bedeutung unserer bewussten Entscheidung gegenüber unseren Schattenthemen hin – ein Thema, das uns später noch einmal beschäftigen wird. Unbewusst, aber auch durch bewusste Handlungen versuchen wir, jene schattenhaften »Persönlichkeitszüge, die auf gar keinen Fall offen vor der Welt daliegen und gesehen werden sollen« (Kast 1999, S. 9), sowohl vor anderen, oft genug aber auch vor uns selbst »geheim« zu halten.

Mit diesen negativen Bestimmungsmerkmalen ist der Schattenbegriff allerdings noch nicht vollständig ausgelotet, denn im Schatten finden wir nicht selten auch »das, was wir nicht leben durften« (Kast 2007, S. 54), konnten oder wollten. Es sind die nicht gelebten Potentiale unserer Biographie, die uns mehr oder weniger bewusst damit konfrontieren, wie unser Leben, ja wie wir selbst auch hätten sein können. Im Prozess der Selbstwerdung schließlich, auf dem Weg, der/die zu werden der/die man eigentlich und wirklich ist, also in dem im Menschen angelegten Lebensstrom, den Jung den Individuationsprozess nennt, stellt die Auseinandersetzung mit dem Schatten eine wichtige Etappe dar (Kast 2008), die allerdings, wie Jung noch zeitweise erhoffte, nie völlig überwunden werden kann, sondern uns, wie wir weiter unten sehen werden, in mehr oder weniger starker Ausprägung durch unser gesamtes Leben begleitet.

Entsprechend der Jung'schen Erkenntnisse über den Aufbau der unbewussten Psyche finden wir auch die unterscheidbaren Schattenebenen auf einer »Achse der Kollektivität«, absteigend vom kollektiven, archetypischen Schatten des gesamten Menschengeschlechts über einen Nationenschatten zum Familienschatten und Gruppenschatten und schließlich zum höchst individuellen persönlichen Schatten. Diese Achse vom persönlichen zum kollektiven Menschheitsschatten ist gleichzeitig auch eine »Achse der Bewusstheit«. Während die tief in uns sitzenden archetypischen Schattenkerne zunächst völlig unbewusst und wenn überhaupt, dann nur über Symbolisierungen zugänglich sind, bleiben Anteile des persönlichen Schattens durchaus bewusst, ja werden häufig gar zu einem ungefährlichen kleinen »Schättelchen« oder einer Art »Vorzeigeschatten«, den wir bei passender Gelegenheiten dann öffentlich »herausbröseln« lassen können, um uns vor anderen besonders reflektiert zu geben (Kast 2008). Wirkliche Schattenanteile bleiben jedoch scham- und schuldbehaftet, peinlich und inkommensurabel.

Aus erkenntnistheoretischer Perspektive ist hier der Vollständigkeit halber anzumerken, dass dergestaltige Schichtenmodelle des Psychischen, wie sie in der Geschichte der Seelenlehre immer wieder aufscheinen, durchaus hinterfragbar sind. Sie suggerieren Statisches und eindeutig Abgrenzbares in einem Bereich, wo Numinosität, Vieldeutigkeit ja Uneindeutigkeit herrschen. Der heuristische Wert, und darum geht es hier, ist aber unbestritten.

2. Schatteneigenschaften

Den schattenhaften, »dunklen Aspekte[n] der Persönlichkeit« (Jung, GW 9/II, § 14) können nun Attribute zugeordnet werden, die einen kognitiven, vielleicht aber auch gefühlsmäßigen Zugang zum Verständnis, was tatsächlich hinter den eher abstrakten Definitionsversuchen steckt, erleichtern:

- Der Schatten ist *groß.*
Rilkes bekannte Gedichtstrophe:»Der Tod ist groß, wir sind die Seinen, lachenden Munds« gilt auch und erst recht für den gesamten Schattenbereich., In Joanne K. Rowlings *Harry Potter* meint der Zauberstabhändler Olivander über Voldemort, das personifizierte Böse:»Er (…) hat Großartiges getan, Schreckliches ja, aber Großartiges.« (Rowling 1998, S. 96) Im Todesbegriff kumulieren die Schattenaspekte, aber im Schatten – *in* uns also – findet sich auch das archetypisch *»Böse«.* Das Tremendum, der Schrecken im Angesicht des Todes weist uns darauf hin, und Schattenpersonifizierungen etwa in Satan, Mephisto, im Sensenmann etc. dienen zum einen Abwehrzwecken, ermöglichen aber zum anderen auch eine kreative Auseinandersetzung mit eigentlich kaum in Worte zu fassenden Inhalten und Affekten. Dabei ist festzuhalten, dass der Jung'sche Schattenbegriff nicht identisch ist mit dem »Bösen«, wie denn auch überhaupt eine Tendenz zu einer gewisse Objektivierung des Bösen kontrovers diskutiert werden kann (so macht etwa der philosophische Autor Frieder Lauxmann die bedeutsame Unterscheidung zwischen dem Bösen »als Ursache« und dem Bösen als »das, was geschieht« (2011, S. 68). Das Böse wird mit der Schattenkonzeption zwar in jeden Einzelnen hineinverlagert, wegen des Konzepts des persönlichen Schattens mit seiner Summe ungelebter Persönlichkeitsanteile ist der Schattenbegriff der Analytischen Psychologie aber deutlich weiter. Jung selbst scheint »keine klare Definition des Begriffs des Bösen« (Barz 1982, S. 9) zu haben, was mit der von ihm vertretenen bipolaren Struktur aller Archetypen zusammenhängen kann. Der archetypische Schattenkern

kann unter Umständen mit dem abstrakt »Bösen« gleichgesetzt werden, das dann aber, und dies erscheint zunächst als höchst verstörend, nicht mehr ausschließlich negativ betrachtet werden kann! Verena Kasts oben aufgeführter Hinweis auf die notwendige Entscheidung gegenüber den Schattenthemen zeigt uns aber: Nicht die Tatsache des Schattens ist die Ursache dafür, dass Böses geschieht, sondern unsere Position ihm gegenüber!

- Der Schatten gehört existenziell *zu uns*.

Die untrennbare, ja »kentaurische Einheit«, der »Mensch und sein Schatten«, so Jung bereits 1912 (GW 5, § 552), weist den Schatten als anthropologische Konstante aus. Wir können uns nach Jung nicht aussuchen, ob wir einen Schatten mit uns tragen oder – wie etwa die Heiligen – uns davon befreien, denn, so schreibt Jung in einem Brief an Erich Neumann: »Da nun das Böse unvermeidlich ist, so kommt man nie aus der Sünde ganz heraus […].« (Jung 1957/1973, S. 97) Ist es unser Bestreben, diejenige Individualität zu entwickeln, die uns wirklich ausmacht, bedeutet dies eine Suche nach einer Ganzheit, die ungelebte, aber auch negative, »böse« Aspekte unseres Seins mit einschließt. »Das Böse ist in der Welt; es ist in uns, es scheint mit dem Leben untrennbar verbunden«, bekräftigt deshalb Hermann Hesse (1955, S. 879) fast gleichlautend mit Jung.

Der Schatten ist uns verwandt wie ein Bruder, er ist der »dunkle Bruder« der Menschheit überhaupt (Neumann 1948/2009, S. 54). Die Brudermetapher wird auf die Spitze getrieben von Thomas Mann in seinem 1938 (fertig gestellt übrigens in Küsnacht, C. G. Jungs Wohnort) verfassten Pamphlet »Bruder Hitler«, in dem er, anhand gemeinsamer Künstlereigenschaften, bestürzt brüderliche Nähe zum verhassten Diktator feststellt. Gleichzeitig deckt der Aufsatz Manns eine zweite, oben bereits als verstörend bezeichnete Schatteneigenschaft auf: Die Bipolarität des Archetypischen verbietet eben eine eindeutige Beurteilung sogar des Bösen, und so kommt Mann zu einer Auflistung »positiver« Schatten(Hitler-)Eigenschaften als faszinierend, interessant, eindrucksvoll, bewundernswert, anziehend

(Magnetismus), genial, gar schöpferisch. Dass selbst das von Psychotherapeuten gerne als uneingeschränkt positiv erlebte Schöpferische des Menschen im Schatten angesiedelt sein kann, macht auch moderne psychologische Forschung mit dem Begriff »Negative Kreativität« (Cropley et al. 2010) deutlich.

- Der Schatten ist mir *fremd*.

Der 2010 verstorbene Künstler Christoph Schlingensief gestaltete für die Biennale 2011 in Venedig den deutschen Pavillon und erschuf, fertig gestellt von seiner Frau und Schülern, die »Kirche der Angst vor dem Fremden in mir«. Er weist damit indirekt und wohl unbeabsichtigt auch auf ein zentrales Merkmal eines aus dem jungianischen Denken sich ableitenden Menschenbildes hin: Die Annahme tief unbewusster und kollektiver Schichten impliziert die Annahme des Fremden in meiner eigenen Seele, eines Fremden, das auch nie vollständig bekannt zu machen ist. Es bleibt ein Rest an Geheimnisvollem, an nicht Nenn- und Kennbarem, und damit bleibt ein »unberechenbare[r] Faktor«, so der englische Kulturphilosoph und Marxist Terry Eagleton in seinem Buch »Das Böse« (2011, S. 163), bestehen. Dieser Faktor muss zwangsläufig Angst auslösen, und wir fühlen uns erinnert an die existenzialistische Herleitung von Angst als dem adäquaten Gefühl des sich selbst bewussten Menschen in den Schriften Kierkegaards oder Sartres.

- Der Schatten ist *schrecklich*.

Ungelebtes, Neid, Eifersucht und Missgunst mögen als Schatteninhalte noch ertragbar, gerade noch aushaltbar sein, aber auch das »Reich der Finsternis«, Vernichtung, Qual, Hass, Gewalt, Verachtung und Unterdrückung sind Schatteneigenschaften, und ihre Verbildlichungen etwa in den Höllendarstellungen des Mittelalters verweisen auf den Schrecken, den uns die radikale Vergegenwärtigung des Schattens bereiten muss. Schattenkonfrontation ist daher ein oft bedrohliches Unterfangen: »Der Schatten wirkt nämlich tödlich, wenn entweder zu wenig Lebenskraft oder zu wenig Bewusstsein vorhanden ist [...].« (Jung, GW 5, § 393) Der Schrecken, aber auch die Peinlichkeit und

Scham im Angesicht eigener Schattenanteile rufen das gesamte Arsenal der von der Tiefenpsychologie aufgezeigten Umgangsweisen auf den Plan: In der Projektion verlagern wir eigene Schattenanteile in andere, wo wir sie betrachten und bekämpfen können – ein zentraler psychischer Mechanismus zur Entstehung von Feindbildern. Die Schattendelegation wiederum sorgt dafür, dass wir unsere ablehnenswerten Schattenanteile nicht selbst ausleben müssen, sondern andere – etwa sog. »Verbündete«, Freunde, Berufsgruppen wie Soldaten oder aber auch die eigenen Kinder – dazu bringen, dies für uns zu tun, so dass wir passive und »unschuldige« Beobachter bleiben können. In der Symbolisierung machen wir den anderen zum Symbol unseres manchmal sogar archetypischen Schattengehalts. Die Infektion beschrieb vor allem Erich Neumann 1948 in seinem epochalen Werk *Tiefenpsychologie und neue Ethik*. Sie weist auf »ansteckende Wirkungen« eigener Schattenanteile auf andere und umgekehrt hin, etwa wenn man sich zu lange oder zu oft in schattenhaften Beziehungen aufhält. Schließlich gibt es noch die wohlbekannte Verdrängung mit ihrer Unterform des Nicht-wahrhaben-Wollens, ein ubiquitärer Abwehrmechanismus, der Schattenanteile zurück ins Unbewusste zwingt und so aus der bewussten Wahrnehmung ausschließt. Ein Beispiel für Letzteres enthält die von mir kürzlich durchgeführte Palliativstudie (Vogel 2011), in der deutlich wurde, dass selbst auf sensibilisierten Palliativstationen das Schattenthema »Tod« aus der therapeutischen Kommunikation ausgeschlossen werden kann.

2. Wege der »Schattenarbeit«

Der Begriff »Schattenarbeit« taucht in der tiefenpsychologischen, aber auch der esoterischen Literatur in unterschiedlichem Gebrauch immer wieder auf (z. B. Ford 2011) und wird hier neu definiert. Der schreckliche, große, unberechenbare, existenzielle, fremde Schatten kann, wie deutlich wurde, letztendlich nicht vollständig integriert werden! Dies führt aber in keinem Fall in ein fatalistisches »Ich kann also nichts dafür«-Denken. Gefordert ist vielmehr der bewusste und voll verantwortete Umgang mit den Schattenaspekten in uns! Was heißt das und wie geht eine Beziehungsaufnahme zu Schattenaspekten eigentlich? Drei Vorschläge sollen nun aufgezeigt werden: 1. der asiatische Weg von Ästhetik und Achtsamkeit; 2. das Nutzen von »Halbschattengewächsen« wie etwa Neid und Eifersucht; und 3. die Einbeziehung des Todesthemas.

Der asiatische Weg

Der abendländische »Vernichtungskampf« gegen den Schatten zeigt sich in gesellschaftlicher, religiöser und individueller Hinsicht. Und er zeigt sich auch in der Therapie, in der nicht selten Krankheit als sichtbar gewordener Schattenaspekt dämonisiert und als dem Menschen eigentlich nicht zugehörig entfremdet wird. Spätestens seit dem vom Kirchenvater Augustinus (354–430) aufgemachten Spannungsmodell Gut vs. Böse in seinem zentralen Werk *De civitate Dei* (ca. 413) ist das Ziel eine endgültige Trennung von Gut und Böse, die (leider!) erst wirklich zum Jüngsten Gericht erfolgen kann, Bestandteil abendländischer Kultur. Ausnahmen wie die Mystik als (auch) europäische Schattendisziplin oder die Romantik als die europäische Schattenzeit schlechthin täuschen nicht darüber hinweg. Ausdruck findet dies z. B. in der Entwicklung der christlichen Sakralbauten von den dunkel geheimnisvollen Kirchen des Mittelalters bis hin zu den lichtdurchfluteten, ja bis in die letzten Winkel zu betrachtenden barocken Gotteshäusern.

Das asiatische Alternativmodell ist eindeutig, trägt es doch der Bipolarität alles menschlichen Seins konsequent Rechung: »Es fehlt [...] in der Geschichte der chinesischen Philosophie nie an der Anerkennung der Paradoxie und Polarität des Lebendigen. Die Gegensätze hielten sich stets die Waage – ein Zeichen hoher Kultur; während Einseitigkeit zwar immer Stoßkraft verleiht, dafür aber ein Zeichen der Barbarei ist«, so Jung (1929/1986, S. 14). Die Faszination fernöstlicher Kultur für uns Europäer und die damit immer mitschwingende latente Angst vor der befremdlichen östlichen Lebens- und Denkweise gründet im Umgang dieser Kulturen mit dem Schatten.

Ausdruck findet die konsequente und gleichwertige Anerkennung des Schattenhaften etwa im altchinesischen Yin-und-Yang-Symbol (das chinesische Schriftzeichen Yin stellt Wolken an einem Berghang dar und symbolisiert so den Schatten und das Dunkel, während im Yang-Zeichen die aufsteigende Sonne über dem Berghang zu erkennen ist) oder in der hinduistischen Einheit von Shiva als gleichzeitigem Zerstörer und Erneuerer. Durch eine bewusste »konkrete Ästhetisierung« erfolgt nun in der asiatischen Kultur ein alltägliches Sichtbarmachen des Schattens und ein Experimentieren mit Umgangsformen. Diese beständige Achtsamkeit auf den Schatten ist z. B. Kennzeichen klassischer asiatischer Architektur: »Tatsächlich gründet die Schönheit eines japanischen Raumes rein in der Abstufung der Schatten«, so der japanische Schriftsteller Jun'ichiro Tanizaki (1886–1961) in seinem Buch *Lob des Schattens* (2010, S. 37), und selbstverständlich gilt diese Aussage auch für den chinesischen oder den hinduistischen Kulturraum. »Es ist in der Tat berechtigt, ›Dunkelheit‹ zu den Notwendigen Bedingungen zu rechnen, wenn die Schönheit [...] beurteilt werden soll«, so schreibt Tanizaki weiter und weist damit auf die Notwendigkeit der äußeren Darstellung des Dunklen (etwa in der Architektur) hin, um, in unserem Zusammenhang betrachtet, die Unvermeidbarkeit des Schattens zu visualisieren.

Tanizaki beschreibt auch die konkrete Ästhetisierung des Schattens in der Filmkunst. Vor allem im anglo-amerikanischen Sprachraum wird von Tiefenpsychologen derzeit der Kinoerfolg *Black Swan* von Darren Aronofsky besprochen. Ausgehend von Tschaikowskis Motiv des weißen und des schwarzen Schwans im seinem Ballett *Schwanensee* greift der Film – wie die asiatische Philosophie – auf die Ästhetik zur Vermittlung des Dunklen in uns und die Gefahren zurück, die eine Annäherung an dieses Dunkle mit sich bringt.

Bei allen genannten positiven Sichtweisen muss an dieser Stelle aber auch auf die Möglichkeit des Missbrauchs einer Schattenästhetisierung hingewiesen werden. Auch sie gehört nicht dem Nur-Guten an, vielmehr muss einer möglichen Verharmlosung durch Alltäglich-Machung des Schattens, vor allem aber einer eventuellen destruktiven Nutzung von faszinosum et tremendum, wie sie uns z. B. in der Naziarchitektur und -kunst deutlich wird, immer wieder entgegengetreten werden (Reinert 2012).

Wir lernen aus der asiatischen Tradition jedoch ein höchst bedeutsames memento umbra, eine alltägliche Achtsamkeit und Akzeptanz des Schattens: »Meiner Meinung nach ist es die Art von uns Ostasiaten, die Umstände, in die wir einbezogen sind, zu akzeptieren und uns mit den jeweiligen Verhältnissen zufrieden zu geben. Deshalb stört uns das Dunkel nicht, wir nehmen es als etwas Unabänderliches hin; [...] dann vertiefen wir uns eben in die Dunkelheit und entdecken darin eine ihr eigene Schönheit«, so Tanizaki. Und so zeigt sich konkret das »memento umbra«, die beständige Beachtung der »in allen Winkeln kauernden Schatten« (ebd., S. 60):

- als notwendiger Lebensstil hin zur Ganzheit (»Schattensensibilität«, Kast 1999, S. 11),
- in der Bewusstwerdung von Projektion und Delegation,
- in der Achtsamkeit auf die Phänomene des Dunklen, und damit
- im »Mitleben-Lassen« des Schattens (Barz 1982, S. 22).

Nutzen von Halbschattengewächsen

Wie bereits deutlich wurde, ist Vorsicht geboten bei der Annäherung an Schattenthemen. Schatten»integration« bedeutet Ganzwerdung und somit den Tod des bisherigen Ich. Von daher auch die Nähe des Todesthemas zu unserem Untersuchungsgegenstand. Die direkte und unvorbereitete Begegnung mit dem Schatten würde uns zerstören. Notwendig ist daher neben der »asiatischen« Achtsamkeitsmethode eine »systematische Desensibilisierung« über »mediale, [...] vermittelbare Zugänge« (Lauxmann 2011, S. 98) zum Schattenreich. Diese Desensibilisierung erfolgt in abgestufter

Annäherung an immer bedrohlicher werdende Schattenebenen über »Halbschattengewächse« wie eben Eifersucht oder Neid. »Herzlichen Glückwunsch, Sie sind neidisch!« könnten wir also sagen, denn Neid mit seiner zusammengesetzten Affektivität aus Wut, Angst, Verlangen und Traurigkeit mag uns zwar peinlich sein, ist aber doch ohne große Gefahr erkennbar. Der Neid ist bewusstseinsnah und nur mäßig schambesetzt und muss somit nur eingeschränkt abgewehrt werden. In dieser fast einzigartigen Eigenschaft könnte er Brücken schlagen und zur Arbeit am Schatten maßgeblich beitragen.

Die Schattenebenen im Neid lassen sich vor allem in zwei seiner Eigenschaften festmachen: Neid weist zum einen für den Bereich des persönlichen Schattens auf ungelebtes Leben hin, das nachgeholt, oft aber betrauert werden muss. Zum anderen weist Neid im Bereich des kollektiven Schattens als »Sehnsuchtsemotion« nach vorne, als symbolischer Ausdruck des menschenimmanenten Strebens nach Ganzheit. In einer finalen Sicht auf unser Dasein fragen wir uns: »Was fehlt mir noch?«, und streben in diese Richtung. Schattenaspekte wie Neid, Missgunst und Eifersucht enthalten »Sehnsuchtsbewegungen« in Richtung Ganzheit. Im Neid liegt auch die »Herausforderung«, dass wir »mehr aus unserem Leben machen« (Kast 2011, S. 35). Neid wird in diesem symbolisierenden Sinne fast spirituell: Er »verweist mich darauf, mich mit meinem Leben auszusöhnen, meine Sehnsucht auf Gott zu richten. Er allein vermag mein Sehnen zu stillen«, so z. B. der benediktinische Autor Anselm Grün (2007, S. 53) in einer christlichen Auslegung.

Im psychotherapeutischen Prozess kann die Annäherung an den Schatten also über Themen wie Neid oder Eifersucht erfolgen. Die »Schattenarbeit« nähert sich über die Bewusstmachung von diesen »Halbschattengewächsen« den bedrohlicheren Schattenthemen in für die Patienten »bekömmlicher« Geschwindigkeit an. Angst, Panik, Schrecken, Scham, Schuld, Peinlichkeit, Lästigkeit, Reue als zur Schattenkonfrontation gehörende Emotionen können so durchsetzt werden von Neugier, Interesse und akzeptierter Sehnsucht. Gleichzeitig können im therapeutischen Beziehungsgeflecht

»Schattenübertragungen« und »Schattengegenübertragungen« zur Bewusstmachung genutzt werden. Auch hier ist der Neidkomplex ein gutes Beispiel, kennen wir doch alle den Neid bestimmter Patienten auf das (oft nur scheinbar) sorglose Leben des Therapeuten oder umgekehrt auch Neidimpulse in den Therapeuten auf Lebensaspekte der Patienten, die ihnen selbst fehlen. Die Arbeit am Schattenthema fördert so eine notwendige Ambiguitätstoleranz.

Nutzen des Todesthemas

Das Erlernen des Umgangs mit dem Schatten am Beispiel des Todes nutzt das altehrwürdige memento mori (Gedenke des Todes) und macht daraus das memento umbra. Der Tod, in vielen Mythologien dargestellt als die reine Schattenexistenz, kann auch als Schattensymbol verstanden werden (Vogel 2012). »Tod« wird oft als Sammelbegriff für die negativen Aspekte des Lebens genommen, in seinem Begriff verdichten sich sämtliche oben genannten Schatteneigenschaften. Der Umgang mit Sterblichkeit und Tod wird so zum Lehrstück eines gelungenen und misslungenen Schattenumgangs. Das beständige Achten auf Zeichen der Vergänglichkeit, das abschiedliche Existieren (Weischedel 1977), die Bewusthaltung und Bewältigung der Tatsache des Todes werden so zum Trainingsfeld der Bewältigung des Schattens schlechthin. Und umgekehrt kann die Konfrontation mit anderen Schatteninhalten zu einem Einüben der Todeskonfrontation werden.

Als Fazit sei hier der Aufruf zu einer dialogisch-kämpferischen »Schattenarbeit« ans Ende gestellt. Wie in der alt-asiatischen Kultur, aber auch etwa der griechischen Mythologie (in der Zeus und Hades eben auch in einem kommunikativen, wenn auch konflikthaften Austausch stehen) ist der »ganze Mensch« eben nicht der Schattenbezwinger, sondern der *Schattenstreiter*, der die letztendliche Integrierbarkeit des Schattens als Utopie erkennt und in einem möglichst bewussten und auf jeden Fall selbstverantworteten Prozess mit den eigenen Schattenaspekten ringt.

Literatur

Barz, H. (1982): Vom konstruktiven Umgang mit dem Bösen. In: Pflüger, P. (Hg.): Neid, Eifersucht, Rivalität. Bonz, Fellbach.

Cropley, D. H., et al. (Hg.) (2010): The Dark Side of Creativity. Cambridge University Press, New York.

Eagleton, Terry (2011): Das Böse. Ullstein, Berlin.

Ford, D. (2011): Schattenarbeit. Goldmann, München.

Friese, H. G. (2011): Ästhetik der Nacht. Rowohlt, Reinbek bei Hamburg.

Grün, A. (2007): Der Umgang mit dem Bösen. Vier Türme, Münsterschwarzach.

Jung, C. G. (1912/1999): Symbole der Wandlung. Gesammelte Werke (GW) 5. Walter, Olten.

Jung, C. G. (1929/1986): Einführung. In: Wilhelm, R./Jung, C. G.: Das Geheimnis der Goldenen Blüte. Walter, Olten.

Jung, C. G. (1950): Aion. GW 9/I. Walter, Olten.

Jung, C. G. (1957/1973): Briefe Bd. III. Walter, Olten.

Kast, V. (1992): Die Dynamik der Symbole. Walter, Olten.

Kast, V. (1999): Der Schatten in uns. dtv, München.

Kast, V. (2007): Die Tiefenpsychologie nach C. G. Jung. Kreuz, Stuttgart.

Kast, V. (2008): Einführung in die Psychologie C. G. Jungs. Original-Vorträge. CD. Jokers, Stuttgart.

Kast, V. (2011): Neid, ein Gefühl im Schatten. In: Jung Journal 25, S. 31–36.

Lamarre, Th. (2005): Shadows on the Screen: Tanizaki Jun'ichiro on Cinema and Oriental Aesthetics. Center for Japanese Studies, University of Michigan.

Lauxmann, F. (2011): Eva, lass den Apfel hängen. Philosophische Strategien zum Umgang mit dem Bösen. Nymphenburger, München.

Neumann, E. (1948/2009): Tiefenpsychologie und neue Ethik. In: Ders.: Mensch und Kultur im Übergang. Johanna Nordländer, Rütte.

Reinert, Th. (2012): Abtötung der Kreativität im Faschismus am Beispiel der Kunst. In: Psychotherapeut 57, S. 121–130.

Rowling, J. K. (1998): Harry Potter und der Stein der Weisen. Carlsen, Hamburg.

Tanizaki, J. (2010): Lob des Schattens. Manesse, Zürich.

Vogel, R. T. (2011): Psychotherapie auf Palliativstationen. Empirische Bestandsaufnahme. In: Psychotherapeut 56, S. 379–385.

Vogel, R. T. (2012): Todesthemen in der Psychotherapie. Ein integratives Handbuch zur Arbeit mit Sterben, Tod und Trauer. Kohlhammer, Stuttgart.

Weischedel, W. (1977): Skeptische Ethik. Suhrkamp, Frankfurt am Main.

Wolf, N. (2004): Die Macht der Heiligen und ihrer Bilder. Reclam, Stuttgart.

MARGA LÖWER-HIRSCH

Neiden und Gönnen in Coaching und Supervision

Einführung

Der Chef und Inhaber eines mittelständischen Unternehmens in Großbritannien hat einmal zu mir gesagt, er glaube, dass eine gute Arbeitsatmosphäre in seinem Betrieb davon abhänge, ob dort die Liebe Platz habe. Liebe sei die Hauptmotivation, gut miteinander zu arbeiten. »Most of all it's important that you love your employees and that they love you.« Ich war ganz erstaunt, dass er die Liebe ins Spiel brachte. Das habe ich eine deutsche Führungskraft noch nie sagen hören. Wir würden vielleicht »Anerkennung« sagen, aber wenn ich mich hier mit dem Neid in der Arbeitswelt, und das ist ja ein Teil der Menschenwelt, auseinandersetzen möchte, dann ist Liebe ein passender Kontrapunkt zum Neid und pointiert diesen vielleicht deutlicher als das Gönnen-Können. Die Ausbalancierung von Liebes- und Neidgefühlen ist ein grundlegendes Thema in unserer Menschenwelt, nämlich ob Liebe und Bezogenheit überwiegen werden oder ob Neid als ein »Liebesvernichtungsgefühl«, als drohende Zerstörung der Bezogenheit auf den anderen, vorherrschend sein wird. Uns Psychologen und Psychologinnen erschreckt es gleichermaßen, wenn ein Mensch von sich behauptet, überhaupt nicht neidisch zu sein, er kenne das Gefühl gar nicht, so wie es ebenfalls erschreckt, wenn ein Mensch von sich sagt, er sei vollkommen neid- und hasserfüllt.

Kutter (1998, S. 71ff.) differenziert drei spezielle Neidformen: den Geschlechterneid, den Geschwisterneid und den Generationsneid. Alle drei Neidformen können sich am Arbeitsplatz manifestieren und treten hier in nicht familialem Kontext auf. Das soll im Folgenden näher erläutert werden.

Die Beratungsformate Supervision und Coaching

Supervision und Coaching sind Beratungsformate, die sich mit den Umgangsweisen der Menschen miteinander in der Arbeitswelt befassen. Personen, aber auch Institutionen und Organisationen ersuchen um diese Form der Beratung, um eine gelingendere Teilhabe am Arbeitsleben zu bewirken oder aber um die Bedingungen zu reflektieren und gegebenenfalls mit äußerer Hilfe zu verändern, die einer gelingenden Zusammenarbeit im Wege stehen. Das Miteinander im Arbeitsleben unterscheidet sich von dem in Familien oder Freundeskreisen, da der tätige Mensch Aufgaben zu erfüllen hat oder erfüllen will, mit der Tätigkeit seinen Lebensunterhalt verdient, seine Arbeitskraft zur Verfügung stellt, einsetzt oder verkauft und in diesem Zusammenhang eine bestimmte Verantwortung trägt. An dieser Stelle beratend tätig zu werden unterscheidet sich von einer Therapie, da es sich nicht um eine Heilbehandlung im engeren Sinne handelt, sondern eben um die Suche nach Lösungen in einer konkreten Situation im Arbeitsleben. Es liegt aber auf der Hand, dass eine solche Beratung, ähnlich wie die Therapie, nicht ohne ein Menschenbild auskommt. Was aber richtig und falsch, gut und böse, frei oder unfrei sei, muss in unserer postmodernen Gesellschaft immer wieder bedacht werden; die Sachverhalte sind komplex, und moralische Bewertungen werden zunehmend in die Hände der einzelnen Akteure gelegt (Baumann 1995). Eine systematische Form der Selbstreflexion ist zunehmend erforderlich, ohne die die Beratungsformate Supervision und Coaching auch nicht den Zuspruch hätten, der ihnen in den letzten Jahrzehnten zugekommen ist.

Referenzhintergrund in Coaching und Supervision ist also die Arbeitswelt, die nicht-familiale Arbeit in und mit Organisationen und mit den entsprechenden Bildern dazu, die in den Individuen evoziert werden (Becker 1998). Dennoch ist es keine leidenschaftslose Welt; Arbeitsbeziehungen sind eben auch »Beziehungen«.

Bezogen auf unser Thema schließt sich die Frage an, inwieweit Neid ein ganz und gar individuelles Gefühl ist, einer jeweiligen Person inhärent, oder inwieweit gesellschaftlich vermittelte Prozesse bei der Neiddynamik eine Rolle spielen. Sowohl in Familie wie auch Gesellschaft kann Neid sich nämlich nicht nur in den einzelnen Akteuren abspielen, sondern immer auch Teil einer Gruppen- oder Organisationsdynamik sein. So gesehen ist der Neid ein soziales Phänomen (Weber 2011).

Neid und Gesellschaft

Es stellt sich die Frage, ob nicht ein Großteil der gesellschaftlichen Aktivitäten auf einem Neidfaktor aufgebaut ist. Siedeln wir den Neid auf einem gleitenden Spektrum an mit den Polen konstruktive und destruktive Neidformen, so wären Neidgefühle nicht zwangsläufig negativ für unser Zusammenleben. Es müsste differenziert werden, wie sie im gesellschaftlichen Leben verarbeitet und gelebt werden, und so würde sich Neid einreihen in den Reigen menschlicher Gefühle und Umgangsweisen miteinander, die es wahrzunehmen und auszubalancieren gälte. Es käme also darauf an, den Neid bei Einzelnen und in Gruppen in seinen unterschiedlichen Ausprägungen anzuerkennen und gelingend mit ihm leben zu lernen. Nun ist der Neid aber »von alters her« ausgesprochen negativ belegt, er gehört zu einer der sieben Todsünden. Neid ist eine »Emotion des Unsozialen« (Weber 2011, S. 9) und wird deshalb nicht nur vor anderen, sondern oft auch vor sich selbst verborgen. Die Psychoanalyse und die Psychologie des 20. Jahrhunderts haben zu einem »meist eher gelasseneren und variantenreicheren Umgang« (ebd., S. 11) mit dieser Todsünde beigetragen. Wir haben gelernt, dass, je mehr Gefühle unterdrückt werden, desto verkleideter und unangenehmer sie sich ihren Weg bahnen werden. Dennoch ist der Neid nach wie vor ein verpöntes Gefühl.

Verena Kast gewinnt dem Neid seine positive Seite ab, indem sie dieses unangenehme Gefühl als eine Chance für Entwicklung, als eine Herausforderung begreift. In seiner konstruktiven Form ist er für sie ein Motor für Entwicklung, kann gespürt, reflektiert und im Dienste des eigenen Fortkommens umgewandelt werden, ohne dass der Neidauslösende zerstört werden muss (Kast 2003). So kann uns der Neid motivieren zu konkurrieren und es dem oder der Beneideten gleichzutun, ohne den anderen zerstören zu wollen. Im negativen Fall zerfrisst uns der Neid; der Beneidete soll das verlieren, um das er beneidet wird, und im Extremfall soll er auch als Person zerstört werden. Der Gewinn des Neiders wird im letzteren Fall in Schadenfreude und im Ausleben von Hassgefühlen bestehen.

Gönnen und Neiden scheinen mir, je länger ich mich damit beschäftige, vorherrschende Themen in Supervision und Coaching, im Umgang der Menschen miteinander in unserer Arbeitswelt zu sein, wobei die Familiengruppe wohl der Ort ist, an dem das Kind seine ersten Erfahrungen mit diesem Gefühl macht, unter Umständen mit allen drei oben erwähnten Neidformen: dem Geschwisterneid, dem Generationsneid und dem Geschlechterneid.

Neid begegnet uns in der Arbeitswelt oft verdeckt oder aber in Form von *Neidabwehr*, bei der sich der Einzelne bewusst nicht zugesteht, aus der Gruppe der Gleichen hervortreten zu wollen, obwohl er doch auch tief im Inneren mit seiner eigenen Leistung anerkannt werden möchte. Er oder sie befürchtet den Neid der anderen und »versteckt« sich. Es gibt Leistungen eines Gesamtteams, das diesem auch in seiner Gesamtheit zugeschrieben werden müsste, wie es aber auch Leistungen Einzelner gibt, die man sich trauen sollte zu zeigen und zu benennen.

Neid und Korruption

Vergleichen wir einmal das Neidgefühl mit dem Gefühl, das mit einem korrupten Verhalten einhergeht, so fällt auf, dass Korruption für das Selbstgefühl weniger schädlich zu sein scheint. Korrupt sein heißt für das Selbstgefühl, »gewitzt« zu sein, und oft gibt es Dritte, die von korruptem Verhalten profitieren (Giesers 2011). Korruptes Verhalten muss vor sich selbst nicht so verborgen werden wie der Neid und vor anderen nur, weil es rechtliche Folgen haben könnte. Hierzu gibt es einen jüdischen Witz (zitiert nach: Giesers 2011, S. 24):

»Tate«, fragt Klein Moritz seinen Vater, »was heißt eigentlich Ethik?« »Ich will dir geben ein Beispiel: Da kommt in mein Geschäft ein Kunde, kauft eine Ware um sechzig Schillinge und zahlt mit einem Hunderter. Wie ich hinschaue, hat er vergessen das Wechselgeld. Siehst Du, jetzt beginnt die Ethik: Soll ich behalten das Geld – oder soll ich es teilen mit meinem Compagnon?«

Bei der Korruption wird Verantwortung verleugnet (»Das macht doch jeder so«) und es wird verrechnet (»Es hatten doch alle was davon«) (ebd., S. 25). Die Korruption mag mit Neid unterlegt sein, dieser tritt aber nicht offen zu Tage, weil er das Selbstgefühl weit mehr untergraben würde. Neid zu spüren ist eine einsame Sache, kein anderer profitiert erst einmal davon, es sei denn, eine ganze Gesellschaft gibt dem Neid die Berechtigung, sich zu zeigen. Das setzt jedoch voraus, dass der Neiderreger gesellschaftlich zum Sündenbock erklärt wird; der Makel hängt am Neiderreger und nicht am Neider.

Gesellschaftlich sanktionierter destruktiver Neid

Der Historiker Götz Aly weist in seinem jüngst erschienenen Buch nach, dass der in der deutschen Volksgemeinschaft historisch verankerte Neid die Voraussetzung für den Holocaust darstellte. Das Buch hat den Titel: »Warum die Deutschen? Warum die Juden? Gleichheit, Neid und Rassenhass« (Aly 2011). Durch alle Schichten des deutschen Volkes sei erstaunlich oft ein offen artikulierter Neid auf die überproportional erfolgreichen jüdischen Aufsteiger als die Gewinner der gesellschaftlichen Modernisierung artikuliert worden. Den Aufstieg der Juden begleitete »ein dumpfes Ressentiment und hasserfüllter Neid der Abgehängten und Überforderten in der Mehrheitsgesellschaft.« (Seibt 2011, S. 11) Und nun verfolgt Aly eine wirklich verstörende These: Er schreibt, das Hintergrundthema sei »das verkorkste Verhältnis der meisten Deutschen zur individuellen Freiheit, ein allgegenwärtiger, weltanschaulich nur unterschiedlich angestrichener Hang zum Kollektivismus, das Streben nach der Geborgenheit in der Gruppe« (ebd., S. 12). Und davon nimmt er den in Deutschland praktizierten Sozialismus und Kommunismus der 20er und 30er Jahre des letzten Jahrhunderts nicht aus.

Neid – Scham – Schuld

Gehen wir dem Neid einmal psychodynamisch nach, so können wir feststellen, dass Neid im Individuum Scham und Schuld evoziert. Psychoanalytischer Theoriebildung entspricht es, Scham und Schuld zu differenzieren. Scham entsteht aufgrund des Versagens den eigenen Wertvorstellungen (dem Ich-Ideal) gegenüber und Schuld durch eine innere Verurteilung, den eigenen moralischen Normen nicht zu entsprechen (Über-Ich-Problematik). Die Säuglings- und Bindungsforschung hat versucht nachzuweisen, dass Entmutigung, Scheu, Scham und Schuld ursprünglich nicht voneinander zu trennen sind, sondern identische Affekte, die unterschiedlich erlebt, aber dem gleichen angeborenen Programm entstammen und mit vorübergehenden Niederlagen assoziiert sind. Anlässe für Scham- und Schuldgefühle sind häufig Versagensgefühle, bestimmten Anforderungen nicht entsprechen zu können (Lichtenberg et al. 1996, S. 429).

Neidgefühle könnten in die Gefühle eingereiht werden, denen ursprünglich Versagensgefühle zugrunde liegen, wobei milder oder tiefer Neid direkt mit dem Ausmaß der erlebten Versagenserfahrungen korrelieren dürfte. Neid ist ein komplexes Gefühl, in dem sich z. B. die Basisaffekte Wut/Ärger, Angst und Trauer mischen können. Die Wut oder der Ärger wird oft vorherrschend sein. Nun wissen wir, dass häufig eigene Aggressionen und Aversionen schuldhaft erlebt werden und deshalb entweder autoritär ausgelebt, projiziert oder aber gegen sich selbst gekehrt werden müssen, unterlegt mit einem permanenten Versagensgefühl. Lewis (1991) hat beschrieben, wie wiederholte Schamerfahrungen sehr wahrscheinlich entweder durch Wut oder Depression ersetzt werden (Lichtenberg et al. 1996, S. 431). Scham ist ein zentrales Element in der Erfahrung von niedrigem Selbstwert und wird somit zwangsläufig Auslöser depressiver Zustände. Hier verbinden sich Wut und Neid mit dem narzisstischen Thema. Dabei kann sich ein zu hoher Anspruch demoralisierend auswirken, z. B. auch der Anspruch, dass wir in gar keinem Fall ein neidischer Mensch sein dürfen.

Destruktiver Neid macht nicht glücklich, und auch die Schadenfreude kompensiert die Neidgefühle, die mit einem geringen Selbstwert einhergehen, nur vorübergehend. Vecchio hat herausgefunden, dass das Verspüren von Neid und Eifersucht positiv mit der Neigung zur Kündigung korreliert (Vecchio 2000, zitiert in: Keller und Burandt 2006, S. 12). Studien unterstützen einen Zusammenhang zwischen Neid am Arbeitsplatz und körperlichen Problemen wie Herzerkrankungen und Schlafstörungen; durch den permanenten Vergleich und entsprechende Enttäuschungen steigt die Anfälligkeit für Erkrankungen (ebd.).

Szenen aus Supervisions- und Coachingprozessen

Dem Neidfaktor in Supervision und Coaching Rechnung zu tragen und differenziert zu bearbeiten, setzt eine mehrdimensionale Herangehensweise voraus. Das lässt sich gut anhand der Arbeit im sogenannten »Supervisorischen Viereck« zeigen. Die Beratungsarbeit oszilliert zwischen den aufgeführten Polen. Dabei werden personale und organisationelle Faktoren miteinander verknüpft und in Beziehung gesetzt.

Kunden-/Klientensystem	Person
Supervision/Coaching	
Arbeitsfeld/Organisation	berufliche Rolle

Das supervisorische oder Coaching-Viereck (nach Weigand 1987)

Die Diagnose, an welcher Stelle die Neiddynamik anzusiedeln und wie sie zu gewichten ist, erfolgt zwischen den Polen im Viereck: So kann man bestimmen, ob der Neid eher personell ist, d.h. in der Person der oder des Coachee liegt, oder ob er interpersonell ist, d.h. zwischen den beteiligten Akteuren in der Organisation stattfindet, oder ob er in der Institution als solcher, dem Unternehmen als Ganzem oder seinem Umfeld anzusiedeln ist.

Machen wir uns nichts vor: Es gibt Unternehmenskulturen, in denen Führungskräfte ganz gezielt Neid schüren, indem z. B. Doppelaufträge vergeben und Machtspiele inszeniert werden oder Mitarbeiter extrem gelobt werden, um die Konkurrenz und den Neid in Gang zu setzen.

Es gibt aber auch *strukturell* verankerte Aufgaben, die den Neidfaktor in sich tragen, ohne dass spezielle Personen dafür in Erscheinung treten müssten. Sie hängen mit der Aufgabenstellung der Institution zusammen. Immer dort, wo Gerechtigkeit oder der gerechte Ausgleich ein Anliegen von Institutionen ist, wie z. B. bei Gewerkschaften, Personalräten, der Mittelstandsvereinigung, den Arbeitgeberverbänden oder Gleichstellungsbeauftragten, um nur einige zu nennen, kann ein tabuierter Neidfaktor mit ins Spiel kommen. Dies auszusprechen ist allerdings häufig schon sehr riskant, eben weil der Neid in der Gerechtigkeitsdebatte nichts zu suchen haben soll. Dennoch umfasst die Ausrichtung der Organisation einen wenn auch vielleicht nur vermeintlich gefühlten oder abgewehrten Sozialneid, Konkurrenzneid, Futterneid (nicht teilen

76

wollen) und lässt ihn subtil oder offen virulent werden. Weil aber Neid insgesamt als moralisch verwerflich gilt und weder persönlichen noch gesellschaftlichen Ich-Ideal- oder Über-Ich-Vorstellungen entspricht, wird er öffentlich kaum thematisiert.

Neid und Eifersucht der Beraterin als Inszenierung der Organisationsdynamik

Im Laufe eines mehrjährigen Supervisionsprozesses stellte sich heraus, dass die Mitglieder einer Steuerungsgruppe in der Verwaltung einer Stadt Bedarf an einem Rollentraining für ihre veränderten Aufgaben hatten. Sie wurden von Insuffizienz- und Versagensgefühlen im Hinblick auf ihre veränderten Aufgaben geplagt. Ein Rollentraining sollte hier Abhilfe schaffen. Da keine weiteren Gelder zur Verfügung standen und ich nicht in Personalunion das Rollentraining durchführen wollte, schlug ich vor, dass eine Kollegin von mir für das Rollentraining gewonnen und dafür einige Supervisionsstunden verwendet werden könnten. Die Arbeitsgruppe nahm den Vorschlag freudig auf. Die Kollegin stellte sich in der nächsten Supervisionseinheit kurz vor, der Kontrakt wurde durch das Team und mich erläutert, es wurde ein ganzer Tag als Termin für das Rollentraining ausgemacht, und danach verabschiedete sich die Kollegin.

Während ihrer Vorstellung spürte ich neidische und eifersüchtige Gefühle, die mir gar nicht passten, da es doch meine eigene Idee gewesen war, sie zu engagieren. Gleichzeitig wurde die bisherige Supervisionsarbeit plötzlich von einem Teilnehmer heftig in Frage gestellt. Die ganzen Jahre hätten wenig gebracht. Meine Eifersucht, der Neid und die Entwertung der Supervisionsarbeit durch den Teilnehmer stürzten mich in Selbstzweifel, und ich dachte, dass es wahrscheinlich das Beste wäre, Ende des Jahres die Supervision abzuschließen. Es gelang mir im weiteren Verlauf der Supervision, meinen Wunsch, mich von den Selbstzweifeln zu erlösen, indem ich überlegte, die Supervision zum Jahresende abzuschließen, vorerst einer Prüfung zu unterziehen und nicht auszusprechen. Ich begann zu begreifen, dass es offensichtlich sowohl dem Team wie auch mir auf einer unbewussten Ebene schwer fiel, jemand Neues hereinzulassen und auch Supervisionsstunden dafür abzugeben. So stellte ich die Frage, ob die Pause zwischen den Supervisionseinheiten durch das Einschieben des Rollentrainings vielleicht für die Aufgaben in der Supervision zu lang sei. Das wurde von der Gruppe erleichtert bestätigt. Wir kamen überein, dass ein zusätzlicher Supervisionstermin den zu großen Abstand, der durch den Einschub des Rollentrainings entstanden war, verkürzen sollte. Der eingeschobene Termin konnte stattfinden, indem die nachfolgenden Supervisionstermine bis Ende des Jahres jeweils etwas verkürzt wurden. Im weiteren Prozess wurde deutlich, dass sich die Arbeitssituation der Gruppe in der Umbruchsituation der Stadtverwaltung im intersubjektiven Prozess sowohl in der Supervisorin als auch in den Supervisanden mit den Gefühlen von Neid, Eifersucht, Wut, Entwertung und Verlassenheit in Szene setzten.

Im intersubjektiven Zusammenspiel hatten sich persönliche und organisationelle Wirklichkeiten (vgl. Supervisorisches Viereck) gemischt und auf der Gefühlsebene inszeniert. Der Widerstand in der Organisation gegen Veränderungen spiegelte sich im Erleben der Supervisorin (Neid und Eifersucht auf die »neue« Beraterin) und auch im Erleben des Supervisanden (Wut auf die »alte« Beraterin), obwohl die Neuerung auf der bewussten Ebene von beiden begrüßt wurde. Projektiv identifikatorisch sollte das Gefühl der Verlassenheit (gepaart mit Neid und Wut) verwandelt werden, indem die Supervisorin, dem ersten Impuls folgend, diejenige sein würde, die geht. Ihre Arbeit genügte nicht, aber im Selbsterleben hätte sie wenigstens noch die Macht, nach dem Angriff des Supervisanden auf die Supervisionsarbeit den Prozess zu beenden. Zudem kam ein unbewusster Neid der Steuerungsgruppe auf die Supervisorin zum Ausdruck, dass sie sich die Freiheit nahm, nicht umfassend zuständig sein zu müssen, während die Organisationsmitglieder jeden Tag zur Stelle zu sein hatten.

Die weitere innere Auseinandersetzung ermöglichte es der Supervisorin, eine andere Sichtweise einzunehmen, statt die Entwertung agierend aufzugreifen. Sie setzte sich weiter mit ihren Neid- und Eifersuchtsgefühlen und der Entwertung auseinander und bekam ein Gefühl dafür, dass nicht die eine Supervisorin gehen muss, wenn die andere kommt oder umgekehrt, sondern beide einen Platz haben können, dass »Altes« und »Neues« neben- und miteinander sein darf. Die Frage (Intervention), ob die Zeit zwischen den Supervisionsterminen durch den Einschub des Rollentrainings vielleicht zu lang sei, bezog sich auf das Verlassenheitsgefühl, deutete es aber nicht persönlich, sondern übersetzte es im Hinblick auf die kontinuierliche Supervisionsarbeit entlang der Arbeitsaufgaben der Steuerungsgruppe in der supervisorischen Arbeitsbeziehung (vgl. Löwer-Hirsch 2001).

Geld als Neidfaktor

Eine repräsentative Umfrage der Nürnberger Gesellschaft für Konsumforschung (GfK) ergab, dass ca. 70 % aller Befragten schon einmal neidisch waren, wobei es sich hier natürlich nur um den bewussten Neid handeln kann, denn unbewussten Neid kann man schlecht abfragen. Die Mehrzahl der Befragten war auf materielle Dinge neidisch. »Finanzielle Unabhängigkeit, Erfolg und Besitztümer wurden deutlich häufiger genannt als Aspekte wie Talent, Schönheit oder Intelligenz, die eng mit der Persönlichkeit verknüpft sind.« (Keller und Burandt 2006, S. 10)

Wenn den Besitztümern, die in abstrakter Form durch das Geld repräsentiert werden, eine so hohe Bedeutung zukommt und sie neidauslösend sind, dann muss dem Geld eine viel größere Bedeutung zukommen als nur seinen Lebensunterhalt damit zu sichern. Geld ist nicht nur ein »Tauschmittel«, sondern auch ein »Wertaufbewahrungsmittel«. Als Wert für eine spätere Nutzung »contained« das Geld Wünsche und Bedürfnisse. Neumann spricht vom Elementarcharakter des Geldes, Nagel (2006) vom Wandlungscharakter (Teufelswerk oder Stein der Weisen). Karl Marx hat in seinen Pariser Manuskripten den Wandlungscharakter beschrieben und zitiert Shakespeare, der das Wesen des Geldes im *Timon von Athen* »trefflich« beschrieben habe. Es sei die sichtbare Gottheit, die die Verwandlung aller menschlichen und natürlichen Eigenschaften in ihr Gegenteil vermöge (Marx 1844/1966, S. 104f.). Die meisten Familien zerstreiten sich über das Geld bei Erbschaft oder Scheidung, und auch in der Arbeitswelt kommt dem »Verdienst« eine hohe Bedeutung zu. Im Geld, um das gestritten wird, ist der Neidfaktor enthalten, es symbolisiert das Zu-kurz-gekommen-Sein, den Selbstwert der Beteiligten, der über den Realwert hinausgeht und kompensatorisch wirken soll.

Supervision einer Beratungsstelle

So wäre eine mehrjährige Fallsupervision in einer Beratungsstelle und die vertrauensvolle Zusammenarbeit der Mitarbeiterinnen beinahe am Thema Geld gescheitert, als das Team mehrere Sitzungen darauf verwandte, die unterschiedliche Bezahlung der Kolleginnen zu thematisieren, die sie laut bezuschussender Landesregierung einführen mussten. Bisher hatte das kleine Team (Diplompädagogin, Sozialarbeiterin und Diplom-Sozialpädagogin) sich in ausgleichender Gerechtigkeit intern gleich bezahlt, was nun nicht mehr möglich war. Eine bisher nicht gekannte Wut machte sich breit, plötzlich wurde am Geld verhandelt, wer bessere und schlechtere Arbeit mache, mehr Fortbildungen absolviert habe als die anderen und wer die Beratungsstelle wirklich vorwärtsgebracht hätte in den Jahren ihres Bestehens.

Man hätte meinen können, dass die Gerechtigkeitslösung die Konkurrenzen und Rivalitäten überdeckt und flach gehalten und der Neidabwehr gedient hatte. Ebenso kann man natürlich der Ansicht sein, dass die gesellschaftlich geforderte strukturelle Ungleichheit der Bezahlung den Neid erst ausgelöst habe. Die beiden zukünftig schlechter bezahlten Kolleginnen forderten tatsächlich von der Diplom-Pädagogin, dass sie offiziell freiwillig mehrere Gehaltsstufen heruntergehen sollte, ohne dass die anderen beiden ja etwas davon gehabt hätten. Die Diplom-Pädagogin verweigerte das. Auch sie hatte wahrscheinlich in einer Art Neidabwehr nicht realisiert, dass sie ja eine längere und anstrengendere Ausbildung auf sich genommen hatte, ohne dafür finanziell entsprechend entlohnt worden zu sein. Ich habe nach allen Regeln der Kunst versucht, den Konflikt zu erhellen und zu bearbeiten, aber die Positionen blieben verhärtet. Das hätte das Ende der bisher erfolgreichen Fallsupervision bedeutet, wenn das Team nicht selbst die Einsicht entwickelt hätte, dass es schade wäre, wenn die Supervision damit auch infrage gestellt wäre. Wir einigten uns darauf, dass der Prozess zwar zu einer viel größeren Distanz unter den Mitarbeiterinnen geführt habe, aber dass man immer noch eine gelingende Beratungsarbeit leisten könne, wenn sie sich in der Supervision künftig wieder auf Fallarbeit beschränken wollten.

Die Supervision führe ich immer noch durch, aber ich habe mehr als große Scheu, das Thema Geld von mir aus noch einmal anzusprechen und zu fragen, wie es ihnen damit im weiteren Verlauf ergangen ist. Ich achte zwar darauf, ob es an irgendeiner Stelle im Prozess virulent wird, das scheint mir aber bisher nicht der Fall gewesen zu sein.

In diesem Zusammenhang stellt sich auch die Frage, wieweit die Kränkung bei Frauen noch eine ungleich höhere als bei Männern ist, wenn es um Geld und Macht geht. Konkurrenz auf diesem Gebiet gehört nicht vorrangig in die Sozialisation von Frauen, eher kennen wir hier das Krabbenkorbphänomen, das Brigitte Dorst (1991) – auf Gleym rekurrierend – beschrieben hat: Frauen in Gruppen sorgen dafür, dass keine eine Sonderrolle einnimmt, wie dies ja auch in meinem Beispiel der Fall war. Der Anerkennung von Differenz käme unter Frauen noch einmal eine gesonderte Betrachtung zu (Frauen beraten Frauen 2010).

Coaching-Kurse – Neiddynamik zwischen Geld und Freiheit

Eine interessante Erfahrung habe ich auf Kongressen mit dem Seminarangebot »Grundkurs psychodynamisches Coaching« für psychotherapeutisch arbeitende KollegInnen gemacht. Der Ausschreibungstext formulierte u. a. das Ziel, PsychotherapeutInnen mit einer solchen Fortbildung beruflich ein zweites Standbein zu ermöglichen. Man sollte meinen, dass KollegInnen, die einen solchen Kurs buchen, sich davon eine Erweiterung ihres Berufsfeldes versprechen, sich also etwas gönnen wollen. Ich habe aber die Erfahrung gemacht, dass im Kurs immer wieder eine Dynamik entsteht, die zwischen Neiden und Gönnen oszilliert, zwischen »Teufelswerk und Stein der Weisen«. Die Phantasien kreisen um das große Geld, das in der Wirtschaft und im Coaching verdient werden könnte. Die eigene Ambivalenz einerseits gegenüber der Welt der Wirtschaft, der Chance, nicht mehr nur von einem Kassensystem abhängig zu sein und die Preise selbst bestimmen zu können, der damit verbundenen Freiheit, aber andererseits auch gegenüber dem Aufgeben von Sicherheit und Versorgung, wird auf die Kursleitung projiziert. Sie ist mit ihrem Angebot eine Neiderregerin, steht für das Gute und das Böse des Veränderungswunsches, und ich muss während der Seminararbeit »höllisch« aufpassen, dass die Kursdynamik nicht durch Spaltung unlebendig wird.

Eher spielerisch habe ich die Auseinandersetzung einmal erlebt, als eine Kollegin und ich ein solches Seminar zu zweit durchführten und mit einer Traummatrix beendeten. Am Vorabend träumte ich von meinem Heimatstädtchen in Nordhessen, in dem es eine Altstadt gibt, die im Mittelalter durch eine Stadtmauer geschützt wurde, und eine Burg, die auf dem sogenannten Schlossberg stand. Wohnte man innerhalb der Stadtmauern, so hatte man höhere Steuern zu entrichten und war durch die Burgherren geschützt, die die Stadtmauern verteidigten. Das Gebiet außerhalb der Mauern hieß »die Freiheit« und wird auch heute noch so genannt. Auch die Stadtmauer steht noch in großen Teilen. Als Kind war es immer ein ganz besonderes Gefühl, in der Freiheit zu spielen, es war abenteuerlich und ungeschützt, und ich war oft froh, wenn ich es zum Sechs-Uhr-Läuten wieder nach Hause geschafft hatte. Wir wohnten innerhalb der Stadtmauern. So hatte ich das Thema Sicherheit und Freiheit im Rahmen des Kurses mit den Bildern meiner Kindheit belegt und war gespannt, die Träume der TeilnehmerInnen in der Matrix zu hören. Jemand hatte von Geld geträumt, und es wurde lebhaft dazu assoziiert. Am Ende stand Dagobert Duck auf seinen Geld-Goldbergen, und meine Kollegin und ich waren die Panzerknackerbande. Wenn der Neid in seiner spielerisch phantasierten Form so zutage tritt, dann hat es meist etwas Erleichterndes und Befreiendes. Schwierig ist es, wenn das tabuierte Thema Neid auf die Leitung nicht ausgesprochen wird und sich am Ende des Seminars hinter der schlechten Bewertung des Angebots (Evaluationsbögen) versteckt.

Meine naive Einstellung zum Neid in den ersten Jahren meiner Berufstätigkeit im Hinblick auf Gönnen und Neiden ist einer gewissen Skepsis gewichen und drückt sich auch darin aus, dass ich die Kurse nun »Einführung in psychodynamisches Coaching und Supervision« nenne, wohl wissend, dass Supervision im sozialen Feld bei Weitem nicht so ambivalente Gefühle auslöst wie Coaching, und ich mir dadurch einiges erspare.

Neid unter Gleichen – eine Variante des Geschwisterneids

Das Neidthema in Beratungsprozessen scheint vorrangig zu sein vor dem Gönnen, aber vielleicht erscheint mir das in meinem Beruf auch nur so, weil man sich meist im Konfliktfall an eine Supervisorin oder einen Coach wendet, und da ist bei Konflikten am Arbeitsplatz häufig Neid in Form von Missgunst, Feindschaft, sich zurückgesetzt, gedemütigt oder entwertet zu fühlen, im Spiel. Destruktiver Neid manifestiert sich z. B. in Form von Mobbing. Keller und Burandt berichten, dass in einer Untersuchung von Vartia als einer der Hauptgründe für Mobbing mit 63 % der Neid genannt wird (Keller und Burandt 2006, S. 11). Mobbing ist eine Art

Psychoterror am Arbeitsplatz, um bestimmte Kolleginnen oder Mitarbeiter loszuwerden. Die Anlässe für Mobbing können vielfältig sein; gemobbt werden nicht nur »leistungsschwache« Organisationsmitglieder, sondern gerade auch kompetente und neiderregende Kollegen oder Kolleginnen. Ich möchte aber in diesem Beitrag das Thema Mobbing nur streifen, weil ich zum einen keine Spezialistin für Mobbing bin und andererseits häufig dem Missbrauch dieses Begriffs begegne. Nicht jede Form von Konkurrenz am Arbeitsplatz sollte sofort mit dem Begriff Mobbing belegt werden.

Neid findet sich unter Gleichen häufiger als unter Ungleichen, worauf schon Nietzsche hingewiesen hat, der meint, dass der Mensch erst schadenfroh sei, seit er gelernt habe, den anderen Menschen als seinesgleichen zu sehen (Nietzsche 1878/2006, S. 508). Wo der Gleichheitsgedanke wirklich gegriffen habe, entstehe erst der Hang zum Neid, der aber als unmoralisch gelte. »Der Neidische fühlt jedes Hervorragen des anderen über das gemeinsame Maß und will ihn bis dahin herabdrücken – oder sich bis dorthin erheben [...]« (Ebd., S. 509.) Dass vor allem unter Gleichen Neid am größten ist, belegen heutzutage Studien zu Mobbing. Die zahlenmäßig häufigste Art ist das horizontale Mobbing, das Mobbing unter gleichgestellten Kolleginnen und Kollegen (Meschkutat/Stackelbeck/Langenhoff 2002).

Neid und Missgunst werden in der Beratung meiner Erfahrung nach meist nicht offen thematisiert, sie durchdringen die Arbeitsbeziehungen auf subtile Weise und werden im Supervisions- oder Coachingprozess erst aufgedeckt. So bringt es der Neid mit sich, dass auch der konstruktive Neid erst einmal verborgen auftritt. Auch Konkurrenz- und Rivalitätsverhältnisse, die mit Neid unterlegt sind, werden im Beratungsprozess erst ent- oder aufgedeckt. Der Neid verbirgt sich hinter scheinbar rationalen, sachlichen Konflikten und muss entschlüsselt werden. Er verbirgt sich und wird verleugnet, weil er eben ein sehr unangenehmes Gefühl ist, moralisch als verwerflich gilt und auch gesellschaftlich tabuiert ist. Verena Kast beschreibt das Neidgefühl so: »Wenn wir den Stich des

Neides in uns spüren, oder wenn wir ganz und gar von Gefühlen des Neides überschwemmt werden, dann fühlen wir uns nicht gut, wir fühlen uns dann auf jeden Fall in der ›schlechteren Position‹, haben die Überzeugung, im Vergleich mit anderen ganz ungerechtfertigterweise schlechter wegzukommen, ohne eine Möglichkeit zu haben, dies in irgendeiner Weise zu ändern. Wir fühlen uns verletzt in unserem Selbstwertgefühl.« (Kast 2003, S. 13)

So ist es in Beratungsprozessen erst einmal sehr viel leichter, die neidische Umgebung der Coachees oder Supervisanden zu ergründen und wie man sich gelingend damit auseinandersetzen kann, als die Neidgefühle der KlientInnen selbst zu bearbeiten. Dazu passt der Titel eines Buches von Haubl (2001): »Neidisch sind immer nur die anderen«.

Habe ich meinen eigenen Neid erst einmal anerkannt, so kann ich mich auch wirkungsvoller davor schützen. Die Inhaberin einer Firma, die bei mir ein Einzelcoaching in Anspruch nahm, erklärte – für mich überraschend –, dass sie in ihrer Firma nicht mehr mit jemandem zusammenarbeiten möchte, dem sie den Erfolg nicht gönnen kann. So sei es ihr mit ihrem ehemaligen Geschäftspartner ergangen, von dem sie sich im Laufe des Coachings getrennt hatte, und auch mit ihrer Buchhalterin, die sich jetzt von der Firma getrennt habe, worüber sie froh sei. Die sei zwar eine gute Kraft gewesen, habe aber meine Klientin zunehmend nicht mehr in ihrer Rolle als Chefin akzeptiert und damit in die Position der Neiderin gebracht. Wir hatten im Coaching auch ihr Verhältnis zu ihrer Schwester ergründet. Dabei fiel auf, dass sie ihre eigene Leistung geringer bewertete als die der Schwester und dass dies auch in den Beziehungen in ihrer Firma geschah, wobei im weiteren Verlauf dann deutlich wurde, dass sie über Gebühr in die Arbeitsbeziehung investiert hatte und deshalb auch selbst neidisch wurde. Sie hat dann selbst den Schluss gezogen, dass sie sich vor ihren eigenen Neidgefühlen schützen will und nicht nur vor dem Neid der anderen.

Der Neid der Berater und Beraterinnen

Wir TherapeutInnen und BeraterInnen sind familiär und gesellschaftlich geprägt, haben dies in Analysen und Selbsterfahrung erforscht und erfühlt und können uns dennoch zu Zeiten an entsprechenden Stellen nicht davor schützen, von den Prägungen eingeholt zu werden.

Der Neid gehört eben zu einer der sieben Todsünden, und wenn ich mich an meine Kindheit erinnere, die vor allem durch meine geliebte Großmutter von christlich protestantischer Moral geprägt war, dann war der Neid etwas Hässliches, auf jeden Fall etwas zu Verhinderndes oder notfalls zu Verbergendes und zeugte von minderer Gesinnung, vor allem in der Familiengemeinschaft. Gesellschaftlich durfte man schon eine Sonderstellung einnehmen, aber das hatte selbstverständlich zu sein. Degoutant war es, eine Besonderheit herauszustreichen. Geld hatte man zu haben, aber nicht zu zeigen, und wenn man keins hatte, dann hatte man auch das nicht zu zeigen. Neid unter Geschwistern war eine besonders frevelhafte Charaktereigenschaft. Machten wir uns den Platz streitig, so kam der Bibelspruch: »Siehe wie fein und lieblich ist es, wenn Brüder einträchtig beieinander wohnen.« (Psalm 133,1.)

Ich kann mich gut erinnern, dass mir die Geschichten von Kain und Abel und von Joseph und seinen Brüdern sehr unter die Haut gingen. Ich war noch nicht in der Schule, da wurde mir aus dem Buch *Die gute Mutter*, das meine Großmutter meiner Mutter geschenkt hatte, weil sie Sorge hatte, dass meine Mutter sich nicht entsprechend um uns kümmern würde, die Version für Kinder vorgelesen, wie die Brüder Joseph in eine Grube warfen und ihn dort verhungern lassen wollten. Dann brachten sie dem Vater seine blutdurchtränkten Kleider mit, um ihn glauben zu machen, dass er gestorben sei. Ich war fassungslos über diese Gemeinheit, musste unbändig weinen und wollte danach keine Geschichte mehr hören, ohne vorher zu erfahren, ob sie auch gut ausgehe. Diese Geschichte geht ja letztlich »gut« aus: Joseph hat alle seine Geschwister überflügelt und kann sie später sogar vor der Hungersnot retten. Aber die Ausstoßung aus dem Familienverband, der Betrug durch die Brüder und die Trennung vom Vater, der glaubte, er sei gestorben, waren doch vorherrschend grausam für mich als Kind.

Die bewusste Identifikation mit Joseph verhinderte natürlich nicht, dass das, was die Brüder ihm antaten, sehr wohl auch ein unbewusster Teil von mir war, sich aber in meiner Kindheit wohl eher als Reaktionsbildung bemerkbar machte, in einem gewissen scheinbaren Zurücktreten hinter meine jüngere Schwester. Ich benahm mich tadellos bei meiner Großmutter, und meine Schwester war, gerade im Vergleich zu mir, das enfant terrible. Aber war ich nicht vielleicht *daran* schuld? Auf jeden Fall sollte mein »Auserwähltsein« heimlich bleiben, obwohl ich durchaus neidisch auf die Mädchen schaute, die sich selbstverständlicher ihren Platz nahmen.

Was für ein neuer Gedanke dann später in Lehranalyse, Ausbildungen und weiterem Dazulernen, dass Neid nicht feststehend negativ sein muss! Dass er wie alle komplexen Gefühle auf einem gleitenden Spektrum angesiedelt werden und konstruktive und destruktive Ausprägungen haben kann.

Ich denke, dass die Auseinandersetzung mit eigenen Neidgefühlen und Neiderfahrungen als Supervisorin, Coach und auch als Therapeutin eine wesentliche Voraussetzung dafür ist, hilfreiche Beratungsarbeit zu leisten. Dabei ist es ausgesprochen interessant, wie wir den Neid nicht ein für allemal bearbeitet haben können, sondern unser Thema in Varianten immer wieder auftritt, im Erleben präsent und zugleich nicht präsent ist. Ein Beispiel dafür ist meine Reaktion, als ich KollegInnen bat, zum Thema Gönnen und Neiden ein Brainstorming zu machen. Eine Kollegin sprach als erstes den Neid an, den wir auf die Entwicklung unserer KlientInnen oder AusbildungskandidatInnen haben können. Ich war spontan ganz verständnislos und meinte, dass wir uns doch fraglos freuen würden, wenn es ihnen besser ginge oder sie sich entwickelten. In der anschließenden Diskussion stellten wir uns dann folgenden Fragen:
• KlientInnen können uns überflügeln, begabter oder reicher sein. Was bedeutet das für uns?

- Womöglich bilden sich AusbildungskandidatInnen ein, es gebe nichts mehr zu lernen bei uns?
- Wie eigennützig oder uneigennützig ist unsere Hilfe?
- Können wir nur dann gönnen, wenn unser Einsatz dabei gebührend gewürdigt wird? Wie viel Anerkennung brauchen auch wir, um nicht neidisch sein zu müssen?
- Den Klientinnen geht es mit unserer Hilfe besser, die Coachees kommen voran, aber die Ausbildungskandidaten werden einmal unsere Konkurrenten sein, haben womöglich die besseren Geschäftsmodelle und werden womöglich an uns vorbeiziehen.

Indem ich das Thema spontan abgewehrt hatte, wurde deutlich, wie gesellschaftlich und persönlich tabuiert, trotz bewusst besseren Wissens, der »Neid der Mütter« auf die eigenen Kinder sein kann (ein tabuiertes Thema auch bei Melanie Klein, denn neidisch ist das Kind und nicht die Mutter). Undenkbar, dass diejenigen, die stützen und fördern sollen, neidisch sein könnten.

Wie das mit dem »Neid der Väter« auf die eigenen Kinder bestellt sein mag, diese Bearbeitung möchte ich für heute meinen männlichen Kollegen überlassen, erinnere aber an Kronos, der seine eigenen Kinder fraß.

Der Neid der Chefin auf den Erfolg ihrer Mitarbeiterin – Generationsneid

Nicht nur »Untergebene« können ihren »Höhergestellten« deren Vormachtstellung neiden, sondern auch Vorgesetzte ihren Mitarbeitern den Erfolg, selbst wenn der Erfolg der Firma oder der Institution zu Gute kommt.

Im Folgenden das Beispiel einer Chefin, die der eigenen Mitarbeiterin den Erfolg neidet, obwohl dieser die Firma prosperieren lässt.

Die Coachee, ich nenne sie Clara, hatte als junge Frau in einer PR-Agentur mit einer attraktiven, langhaarigen, ca. 50-jährigen

Chefin und Inhaberin angefangen zu arbeiten. Auch Clara ist sehr attraktiv, langhaarig und 20 Jahre jünger. Es wurde ihr seit Beginn ihrer Tätigkeit sehr gewährend freie Hand gelassen, sie konnte sich ihren Arbeitsbereich selbst aufbauen, hatte im eigenen selbstbestimmten Tun Erfahrungen gemacht und war sehr erfolgreich: Sie betreut mittlerweile eine große Zahl von im Showgeschäft tätigen Personen.

Hochmotiviert hatte sie drei Jahre lang 12 bis 14 Stunden am Tag gearbeitet. Zum Coaching kommt sie, weil sie vollkommen verwirrt ist, da sich ihre Arbeitssituation in den letzten vier Monaten massiv verändert hat. Die Chefin mischt sich plötzlich in ihre Arbeit ein, an einem Tag wird sie gelobt, am anderen entwertet – eine Zuckerbrot-und-Peitsche-Situation. Die Chefin habe eigentlich angekündigt, mehr Zeit für ihre schriftstellerischen Tätigkeiten haben und zum Teil aus der praktischen PR-Arbeit aussteigen zu wollen. Das Loslassen scheint aber nicht zu funktionieren, stattdessen fängt sie an zu kontrollieren. Das freie Arbeiten habe für alle in der Agentur ein Ende, aber Clara trifft es am härtesten.

Ein Kunde fragt die Chefin, ob Clara ihre Tochter sei, worüber die Chefin sich ärgert. Sie nimmt Clara in ein Mitarbeitergespräch und legt ihr nahe, sich mit dem Märchen *Rapunzel* zu beschäftigen, sie sei so eine »Prinzessin«, die sich einmal von ihrem langen Zopf trennen müsse, wenn sie wisse, was sie meine. Clara weiß es nicht. Das ist ja eine Verkehrung ins Gegenteil: Der Neid der Chefin auf Erfolg und Jugend der Mitarbeiterin wird dieser angelastet und ausgerechnet das Märchen *Rapunzel* bemüht, in dem das Mädchen ja eingesperrt wird, als es zur jungen Frau erblüht. Das ungelebte Leben der Chefin, die eigentlich lieber Schriftstellerin wäre und offenbar Schwierigkeiten damit hat, scheint mit dem zunehmenden Erfolg von Clara deutlich zu werden. Claras »Erwachsenwerden« evoziert den Neid. Jeder Text wird kritisiert, Clara hat kein Zutrauen mehr zu ihren Fähigkeiten und weiß nicht, was sie glauben soll. In diesem Zustand kommt sie ins Coaching.

Die hier vorgestellte Dynamik entspringt einer langen, mühevollen Erarbeitung in den Coaching-Sitzungen, weil der klare Blick

Clara weh tut. Sie ist der Chefin ja auch sehr dankbar für die bisherigen guten Berufserfahrungen und Erfolge, sie fühlt sich gebunden, und es fällt ihr schwer zu realisieren, dass sich die Arbeitsbeziehung drastisch verändert hat. Sie sucht nach eigener Schuld und Unfähigkeiten. Sie fängt im Coaching nach und nach an zu realisieren, dass sie sich von der Firma wird abnabeln und schauen müssen, wo sie mit ihren bisherigen Erfahrungen Fuß fassen kann. Sie möchte die Firma aber nicht fluchtartig verlassen, obwohl ihr mehr als einmal danach zumute ist. Wir haben erarbeitet, dass sie bis Weihnachten einen »geordneten Rückzug« antreten will.

Ausblick: Gönnen können

Ich möchte mit einem kleinen Lichtblick enden, was das Gönnen-Können und das Neiden im zunehmenden Alter betrifft. In der weiter oben schon erwähnten repräsentativen Umfrage der Nürnberger Gesellschaft für Konsumforschung konnte ermittelt werden, dass das Neidgefühl bei älteren Menschen ab 70 Jahren abnimmt (Keller und Burandt 2006, S. 10). Sie vergleichen sich immer weniger mit den »Gleichen« ihrer Generation (horizontal), sondern mit sich selbst im eigenen Lebenslauf (vertikal). Das wäre auch ein Argument dafür, ältere Mitarbeiterinnen und Mitarbeiter einzustellen oder weiterzubeschäftigen, wenn sie es denn wollen. Sie könnten in Teams ein ruhender Pol sein. Es spricht auch für die Mentoring-Programme, in denen Pensionäre die Jüngeren fördern und beraten. Und es spricht natürlich auch für unseren Berufsstand im Alter.

Ob Gönnen als Umkehr oder Fehlen von Neid oder als eigenständige seelische Strebung gelten kann, ob Gönnen nur Reaktionsbildung oder Ausdruck primärer Liebe ist, hängt auch vom jeweiligen Menschenbild der Betrachterin ab. Es kommt in Supervision und Coaching wohl darauf an herauszufinden, was allgemein menschlich ist oder aber persönlich und institutionell bizarr. Jedenfalls können wir beobachten, dass das Gönnen das Gemeinschaftsgefühl stärkt. Gönnen von oben herab, das Gönnerhafte, ist damit nicht gemeint, wie es in einem der Lieblingswitze Freuds zum Ausdruck kommt, in dem der Begünstigte sich gegen das Gönnen der überlegenen Position wehrt:

»Ein Verarmter hat sich von einem wohlhabenden Bekannten unter vielen Beteuerungen seiner Notlage 25 fl. geborgt. Am selben Tag noch trifft ihn der Gönner im Restaurant vor einer Schüssel Lachs mit Mayonnaise. Er macht ihm Vorwürfe: ›Wie, Sie borgen sich Geld von mir aus und dann bestellen Sie sich Lachs mit Mayonnaise. Dazu haben sie mein Geld gebraucht?‹ ›Ich versteh' Sie nicht‹, antwortet der Beschuldigte, ›wenn ich kein Geld habe, *kann* ich nicht essen Lachs mit Mayonnaise, wenn ich Geld habe, *darf* ich nicht essen Lachs mit Mayonnaise. *Also wann soll ich eigentlich essen Lachs mit Mayonnaise?*‹« (Freud 1905, S. 51)

Literatur

Aly, G. (2011): Warum die Deutschen? Warum die Juden? Gleichheit, Neid und Rassenhass. S. Fischer, Frankfurt am Main.

Baumann, Z. (1995): Postmoderne Ethik. Hamburger Edition, Hamburg.

Becker, H. (1998): Psychoanalyse und Organisation. In: Freie Assoziation 1, S. 81–100.

Dorst, B. (1991): Psychodynamische und gruppendynamische Besonderheiten von Frauengruppen. In: Zeitschrift Supervision, Heft 20, S. 8–21.

Frauen beraten Frauen (Hg.) (2010): In Anerkennung der Differenz. Psychosozial-Verlag, Gießen.

Freud, S. (1905): Der Witz und seine Beziehung zum Unbewussten. Gesammelte Werke Bd. 6. Imago, London.

Giesers, P. (2011): Zwischen Ambiguität und Integrität. In: Kliche, Th./ Thiel, St. (Hg.): Korruption: Forschungsstand, Prävention, Probleme. Pabst Science Publishers, Lengerich.

Haubl, R. (2001): Neidisch sind immer nur die anderen. Über die Unfähigkeit, zufrieden zu sein. C. H. Beck, München.

Kast, V. (2003): Neid und Eifersucht. Die Herausforderung durch unangenehme Gefühle. dtv, München.

Keller, A./Burandt, M. (2006): Neid in Organisationen. Institut für Informatik, Lehrstuhl für Organisationspsychologie bei Michaela Turß, Humboldt-Universität zu Berlin.

Kutter, P. (1998): Liebe, Haß, Neid, Eifersucht – eine Psychoanalyse der Leidenschaften. Vandenhoeck & Ruprecht, Göttingen.

Lichtenberg, J./Lachmann, F./Fosshage, J. (1996): Werte und moralische Haltungen. In: Psyche, Heft 5, S. 407–443.

Löwer-Hirsch, M. (2001): Intersubjektivität und Supervision. In: Oberhoff, B./Beumer, U.: Theorie und Praxis psychoanalytischer Supervision. Votum, Münster.

Marx, K. (1844/1966): Texte zu Methode und Praxis II. Pariser Manuskripte. Rowohlt, Reinbek bei Hamburg.

Meschkutat, B. / Stackelbeck, M. / Langenhoff, G. (2002): Der Mobbing-Report. Repräsentativstudie für die Bundesrepublik Deutschland. Wirtschaftsverlag NW, Dortmund.

Möller, E. (2011): Aladin und die Wunderlampe – die Reise zu einer Identität als Führungskraft. In: Möller, E. / Träupmann, St. (Hg.): Aspekte der psychodynamischen Supervision. University Press, Kassel.

Nagel, C. (2006): Geld – Teufelswerk oder Stein der Weisen. In: Freie Assoziation, Jg. 9, S. 61–90.

Nietzsche, F. (1878/2006): Menschliches, Allzumenschliches. Anaconda, Köln.

Seibt, G. (2011): Judenfeinde wie wir. In: Süddeutsche Zeitung vom 12.8.2011, S. 11.

Weber, K. (2011): Einleitung – Eifersucht und Neid zwischen Literatur und sozialer Situation. In: Kreuzer/Weber (Hg.): Invidia – Eifersucht und Neid in Kultur und Literatur. Psychosozial-Verlag, Gießen, S. 7–30.

Weigand, W. (1987): Zur beruflichen Identität des Supervisors. In: Zeitschrift Supervision, Heft 11, S. 19–35.

ALINA TREIGER

Kain und Abel – Interpretation aus jüdischer/ rabbinischer Sicht

Einleitung

Wettbewerb, Konkurrenz und Neid gehören offensichtlich seit Anbeginn der menschlichen Existenz zur emotionalen Grundausstattung des Menschen. Die ganze Weltliteratur ist voll von Geschichten und Theorien darüber, dass erst der Wettbewerb, das Sich-Vergleichen der Menschen miteinander, zu zivilisatorischen und kulturellen Leistungen geführt hat: Einer versucht, den anderen zu übertreffen, zunächst aus vielleicht egoistischen Motiven, die sich aber im Laufe der Zeit womöglich als Segen für die Allgemeinheit erweisen. Auch im Tanach[1] gibt es eine entsprechende Menge Geschichten, in denen es um Neid und den Umgang damit geht.

Dieses Motiv kommt sogar öfter vor, als wir es in einer solchen Quelle erwarten würden, auch wenn sprachlich der Neid nicht explizit als Handlungsgrund genannt wird, außer der Text verrät uns die Gedanken des Neiders.

Zunächst soll der Sprachgebrauch des Wortes Neid auf Hebräisch beleuchtet werden und anschließend wird die Erzählung von Kain und Abel anhand rabbinischer Kommentare Vers für Vers analysiert.

Etymologie

Die Etymologie des Neidbegriffs im Althebräischen kommt vom Nomen *'ajin,* »Auge«. Als Verbform heißt *ajen* »neidisch sein« oder »scheel blicken«. An manchen Stellen[2] wird es schlicht als »böses Auge« oder »böser Blick« bezeichnet. Die Augen des Neiders sehen die Tatsachen aus einer verkehrten Sicht. Im 1. Buch Samuel 18:9 kommt diese Verbform vor:

König Schaul beneidet den jüngeren David, als die Israeliten aus dem Krieg gegen die Philister zurückkehren, nachdem David den Riesen Goliat erschlagen hat. Die Frauen singen: »Schaul hat Tausende erschlagen und David Zehntausende.« Das heißt, dass David mehr Erfolg hatte als Schaul. Und wie ist Schauls Reaktion darauf?

»Schaul ärgerte sich sehr und diese Worte waren *schlecht in seinen Augen*/er war misstrauisch. Er sagte: ›Sie haben David Zehntausende und mir Tausende zugeschrieben. Sie werden ihm noch das Königtum geben.‹«

»Dann wurde Schaul auf David *neidisch* von diesem Tag an und weiter.«

Schaul fing an, David zu verfolgen und versuchte mehrmals, ihn zu töten.

Die am meisten verbreitete Bezeichnung für Neid ist allerdings *kin'a.* Dieses Wort hat ganz unterschiedliche Bedeutungen und wird in den Schriften nicht nur für Neid verwendet, sondern auch für Gefühle wie Eifersucht und Leidenschaft, Eifer, Wetteifer oder auch Ehrgeiz. Offensichtlich konnte in der biblischen Zeit gar nicht zwischen Neid und Eifer unterschieden werden, da diese feinen Unterschiede im Vokabular nicht vorhanden waren.

Nur wenn das von *kin'a* abgeleitete Verb mit der Präposition *be* oder *et* verwendet wird, ist es sicher, dass die beschriebenen Gefühle Neid darstellen. So wird in der Geschichte von Awraham (Gen 26:14) geschildert: »Er (Awraham) hatte Kleinvieh und Großvieh und viel Dienerschaft, deswegen beneideten ihn die Philister« *[wajekan'u oto Plischtim].*

Oder auch wie in der – wahrscheinlich etwas bekannteren – Erzählung von Josef und seinen Brüdern in Gen 37:11: »Israel liebte Josef mehr als alle anderen seiner Söhne, weil er der Sohn des Alters war, und er machte für ihn ein buntes Hemd [...] und die Brüder wurden neidisch auf ihn« *[wajekan'u bo echaw]*.

Josefs Brüder sind dem jungen Prahler nicht nur deswegen böse, weil er sich für größer hält als sie, sondern auch, weil sein Vater ihn mehr liebt. Der Vater fertigt nur für Josef das bunte Hemd an, und es wird explizit gesagt, dass er sein Lieblingssohn ist. Deswegen verkaufen die Brüder ihn an die Ägypter (Gen 37).

Es gibt aber auch Erzählungen[3], in denen wir nur die Handlung beobachten und der Neid als Motiv nicht benannt wird, so wie beim ersten Mord der Welt, in der Geschichte von Kain und Abel. Der Grund für das Verschweigen dieses Gefühls wird aus vielerlei Sicht gedeutet. Vielleicht ist sich der Neider seiner Gefühle nicht bewusst und, wie so oft bei Neid, spielen auch andere Gefühle eine Rolle, so dass wir nur die Folgen der Interaktionen sehen.

Kain und Hewel

Im Folgenden werden die hebräischen Namen der Hauptpersonen verwendet, weil das zu einem besseren Verständnis der rabbinischen Logik verhilft. Abel ist die griechische Übersetzung[4] von Hewel, wie er auf Hebräisch heißt.

Die biblische Erzählung des ersten Mörders in der menschlichen Geschichte ist sehr knapp an Details, deshalb muss zum besseren Verständnis auf die mündliche Überlieferung zurückgegriffen werden. Die rabbinische mündliche Erzählung heißt »Agada«. In ihr versuchen die Rabbiner die Lücken oder Unklarheiten, die der Text lässt, durch ihre eigenen Geschichten zu füllen. Das bedeutet nicht, dass diese Geschichten aus der Luft gegriffen sind. Es handelt sich vielmehr um eine genaue Sprachanalyse des Textes, die auch eine psychologische Analyse der Charaktere und Ereignisse mit umfasst. Diese Geschichten erzählen uns, was die Protagonisten denken, sagen oder tun, wenn es im Text nicht erwähnt ist. Es gibt viele unterschiedliche Kommentare, die einander auch manchmal widersprechen. Jeder Kommentar ist ein Vorschlag und keine Wahrheit! Eine Hypothese wird aufgestellt, die dann durch andere Stellen im Tanach, d. h. auch in den Büchern der Propheten und Schriften, überprüft wird. Wenn es keine Bestätigung durch andere Stellen gibt, funktioniert die Hypothese nicht. So einfach ist das.

Lesen wir zunächst die Geschichte aus dem Buch Genesis, Kap. 4:2–8 über Kain und Hewel. Ich habe in der Übersetzung versucht, so nah am Text zu bleiben wie möglich, und wir sehen trotzdem, dass manche Stellen ganz unverständlich sind. In einer deutschen angemessenen Übersetzung, ob von Moses Mendelssohn oder von Martin Luther, werden die Lücken bereits mit einem Kommentar gefüllt, so dass wir die Diskrepanzen fast nicht bemerken. Der hebräische Text ist jedoch unverändert geblieben und erforderte und erfordert die mündliche Tradition, um ihn zu verstehen. Die Klammern im Text bezeichnen die Stellen, an denen die größte Unklarheit herrscht.

Gen 4:2–10

»2 Hewel war ein Schaf- und Ziegenhirte, Kain aber war ein Ackermann.

3 Nach einiger Zeit brachte Kain von der Frucht der Erde dem Ewigen ein Geschenk dar.

4 Und Hewel brachte auch ein Geschenk von den Erstgeborenen seines Kleinviehs und von ihren Fettstücken.

5 Der Ewige wandte sich zu Hewel und zu seinem Geschenk. Kain aber und seinem Geschenk wandte Er sich nicht zu. Kain ärgerte sich sehr und sein Gesicht fiel. (...)

6 Der Ewige sprach zu Kain: Warum ärgerst du dich und warum ist dein Gesicht gefallen?

7 Ist es nicht so? Wenn du besser wirst (…) erheben, wenn du nicht besser wirst, dann lagert die Sünde vor dem Eingang. Nach dir ist sein (…)Verlangen, und du wirst über ihn herrschen.

8 Und Kain sagte zu Hewel (…) und als sie auf dem Feld waren, stand Kain gegen seinen Bruder auf und erschlug ihn.

9 Der Ewige sprach zu Kain: Wo ist Hewel, dein Bruder? Er antwortete: Ich weiß es nicht. Bin ich der Hüter meines Bruders?

10. Der Ewige sprach: Was hast du getan? Das Blut deines Bruders schreit zu mir aus der Erde.«

Gen 4:2–4

Die Bibel erzählt uns die Geschichte des ersten Mordes, die zum Klassiker des Bruderneides wird. Aber in der Geschichte selbst und auch später in der Beschreibung von Kains Leben wird der Neid mit keinem Wort erwähnt. Diesem Motiv, oder anders ausgedrückt: dieser Interpretation werden wir erst in den Kommentaren begegnen und, wie bereits gesagt, berichtet uns der Text manchmal nicht alles.

Wenden wir uns den Namen unserer Protagonisten zu. Sie verraten uns oftmals schon etwas über den Charakter oder das Schicksal der Person.

Kain wird von seiner Mutter »Kain« genannt mit der Begründung: »Ich habe einen Mann mit G'tt erworben« [kaniti isch et Adonaj]. Der Name Hewel dagegen wird im Text nicht erklärt.

Das hebräische Wort »Hewel« bedeutet normalerweise »Windhauch«, »Leere« oder »Eitelkeit« wie in Psalm 144:4 »Der Mensch ist wie ein Windhauch …« oder wie im Prediger Salomons 1:2: »Alles ist Leere und Eitelkeit der Eitelkeit.«

Rabbejnu Bechaje[5] erklärt, dass dieser Ausdruck für Eitelkeit und Leere erst nachdem er die Person Hewel bezeichnete, als Metapher verwendet wurde. Von daher kann dieser Name etwas Licht auf die Charakterzüge werfen, die mit Hewel in Verbindung gebracht werden, so wie es weiter im Prediger Salomos 4:4 heißt: »Ich sah die ganze Arbeit und Begabtheit des Werkes, weil sie eines Menschen Neid *[kin'at isch]* auf seinen Nächsten weckt, und das ist auch Eitelkeit *[hewel]* und schlechter Geist.«

So wird von den Rabbinern die Vermutung geäußert, dass Hewel eigentlich derjenige war, der Kain beneidete, weil dieser ein Geschenk für G'tt dargebracht hat. So wie es steht: »Und auch Hewel brachte von den Erstgeborenen seines Viehs und von den Fettstücken ein Geschenk für den Ewigen.« Warum eigentlich? Er musste gar nichts darbringen, aber wahrscheinlich hat Hewel das Beispiel Kains als Ansporn genommen, auch ein Geschenk vor G'tt zu bringen. So entstand der Neid auf den Bruder und es kam zum Streit, bei dem er getötet wurde.[6] Ganz überraschend wird hier der Neid Hewel zugeschrieben.

Nun definieren die Rabbiner Neid nicht nur negativ: *Orchot Zadikim [Die Wege der Gerechten]*, ein ethisches Werk aus Prag, verdeutlicht: »Obwohl der Neid eine negative Eigenschaft ist, enthält er auch sehr gute Komponenten. Nur die Großen [die Erhabenen] dieser Welt können Neid aus Ehrfurcht vor dem Himmel einsetzen«[7], d. h. um der Sache selbst willen und nicht für die eigenen Zwecke.

Aus Ehrfurcht vor dem Himmel, dies ist wichtig anzumerken, bedeutet nicht aus Angst und aus selbstbezogenen Absichten. In der Sprache der Allgemeinen Psychologie heißt das: aus positiver Motivation, reiner Absicht, den Prozess liebend.

Über solcherart Neid haben die Rabbiner im babylonischen Talmud[8] gesagt: »Der Neid der Schreiber vermehrt die Weisheit.« Wir sehen, dass hier eher Wetteifer gemeint ist: eine Art des Neides, die produktiv sein kann. Einige rabbinische Beispiele dazu:

»Ein ehrfürchtiger Mann, der lernt, und einen anderen ebenfalls beim Lernen sieht, ertappt sich bei dem Gedanken: ›Dieser Mann lernt den ganzen Tag und ich will das auch tun!‹ Das Gleiche betrifft auch die Erfüllung der Gebote, sowohl die sozialen als auch rituellen. Solcher Neid ist lobenswert.

Aber wenn ein Böser, der einige gute Eigenschaften besitzt, genauso jemanden den ganzen Tag beim Lernen sieht und dabei denkt: ›Dieser hat viel gelernt und viele gute Taten vollbracht und

deswegen achten ihn alle mehr als mich, dann werde ich das Gleiche tun wie er und alle werden mich auch achten.‹ Diese Art des
Neides ist eine Krankheit.«[9]

Wir wissen also nicht, ob die Absichten Hewels rein waren, aber er
hat sie mehr oder weniger in eine produktive Tätigkeit einge-
bracht – und damit eben das getan, was Kain nicht geschafft hat.
So wird auch von den Rabbinern als Hauptmotiv für den ersten
Mord Neid identifiziert.

Kain war neidisch auf seinen Bruder, darauf, dass dessen Opfer
von G'tt angenommen wurde und sein eigenes nicht. Der Text sagt
nichts darüber, warum G'tt das Opfer von Hewel bevorzugt hat.
Inwiefern war das Geschenk Hewels dann besser? Raschi, der
wahrscheinlich berühmteste Torakommentator, der im 11. Jh. in
Frankreich lebte, erklärt zu Gen 4:2, dass Kains Geschenk nicht so
gut war. Er hat irgendetwas Minderwertiges genommen, z. B. Lein-
samen und das, was ihm zuerst vor die Füße kam. Hewel dagegen
hat vom Erstgeborenen seines Viehs genommen und die fettesten
Tiere ausgesucht. Er nahm das Beste, was das Jahr hervorbrachte.

Das erinnert uns an eine typische Situation, wenn Kinder eine
Aufgabe erledigen oder in einer Prüfungssituation sind. Manche
wollen nicht als Erste drankommen, denn so kann man erst mal
beobachten, was die anderen so machen, und danach vielleicht ein
noch besseres Ergebnis erzielen. Offensichtlich ging es beim Opfer
von Kain und Hewel um eine Aufgabe, die nicht auf Schnelligkeit
abzielte, sondern auf Qualität.

Wenn die Eltern sehen, dass das Kind zu ungeduldig ist und
unbedingt jetzt etwas haben will, müssen sie ihm manchmal bei-
bringen, dass man warten kann und die Emotionen unter Kon-
trolle halten soll. Erinnert uns das nicht an unsere Geschichte?

Gen 4:5

»Kain ärgerte sich sehr und sein Gesicht fiel.« (Gen 4:5)
Wir beobachten eine intensive körperliche Reaktion von Kain, als

99

er neidisch wird. In der Beschreibung werden zwei Merkmale beschrieben: Kain ärgerte sich sehr und »sein Gesicht fiel«.

Kain ärgerte sich sehr *[wajichar Kain me'od]* – dieser Ausdruck wird oft mit der Nase in Zusammenhang gebracht und beschreibt heftiges Atmen, was eine Körperreaktion bei Ärger, Zorn, Missgunst oder auch Hass sein kann. Der Puls steigt und der Atem wird schneller. Aber dieser Wutausbruch wird sofort unterdrückt, und deswegen wird das Gesicht gesenkt, d. h. der Betroffene schaut nach unten, damit es keiner merkt.

Der Kommentar *Toldot Jizchak [Jizchaks Nachkommen]* bittet uns, Kains Gedanken zu folgen, um zu verstehen warum er wütend wurde und sein Gesicht herabfiel: »Kain war davon überzeugt, dass sein Geschenk gut und erwünscht war, aber Hewel musste unbedingt ein besseres Geschenk bringen, um ihn vor G'ttes Augen zu beschämen.«[10]

Kain unterstellt Hewel, alles absichtlich getan zu haben, nur um ihn zu beschämen. Kain strebt nicht nach bloßer Aufmerksamkeit von G'tt, sondern nach Anerkennung und Bestätigung.

Ein anderer Kommentar, *Sechel Tow [Guter Verstand]*, kommentiert: »Wenn das Gesicht runterfällt, heißt das, dass dieser Mensch beschämt wurde und er sein Gesicht nicht heben kann und nicht gerade schauen kann. Weder kann er seinen Beschämer ansehen, noch die, die um seine Schande wissen.«[11]

Or Chajim [Licht des Lebens] gibt auch eine sehr interessante Analyse:

»›Kain ärgerte sich sehr‹ weist darauf hin, dass Kain von vornherein eine sehr hohe Selbsteinschätzung hat, und als sein Gesicht gesunken war, sagt uns das, dass er sich erniedrigt fühlte. Er ärgert sich wegen seines kleineren Bruders, darüber, dass er über ihn aufgestiegen war und er selbst nach unten sank.«[12]

Der Grund für seine Erniedrigung ist Hewel, der ein ehrenvolleres und erhabeneres Opfer gebracht hat als er selbst, so dass durch Hewel sein Opfer benachteiligter aussah. Kain erlebt die Erniedrigung, dass er weniger gut war als Hewel, und zwar in den Augen von G'tt und in seinen eigenen.

Diesen Kommentaren zufolge ist Kain nicht nur deswegen wütend, weil er Hewel den Aufstieg nicht gönnt, sondern der Hassende glaubt tatsächlich, dass der Gehasste böse ist. Kain erlebt Minderwertigkeitsgefühle. Er erlebt das Gefühl der Ungerechtigkeit. Kain wünscht sich, Hewel zu vernichten, um seinen Platz einzunehmen. Das nach unten gerichtete Gesicht bedeutet den Wunsch, sich an dem Verursacher dieses Leides rächen zu wollen. Hewel muss jetzt genauso erniedrigt werden für das, was er Kain angetan hat. Zusammenfassend: Das Gesicht wird wegen der Beschämung, aber möglicherweise auch wegen des Trachtens nach Rache gesenkt.

Gen 4:6

Der Ewige führt mit Kain ein quasi »therapeutisches Gespräch« und sagt zu ihm: »Warum ärgerst du dich und warum ist dein Gesicht gefallen?« (Gen 4:6)

G'tt *spricht* zu Kain, aber Kain scheint ihm nicht zuzuhören. Warum hört er nicht auf Ihn? Ist ihm die Aufmerksamkeit G'ttes nicht wichtig genug? Obwohl Er sein Geschenk nicht angenommen hat, spricht Er zu ihm höchstpersönlich, was Er mit Hewel nie getan hat. *Or Chajim [Licht des Lebens]* verdeutlicht, dass Kain nicht nur auf Hewel zornig war, sondern auch auf G'tt: darüber, dass Er sein Geschenk abgelehnt hat. Denn dies bedeutete für Kain, dass der Ewige sich von den bösen Absichten Hewels hatte manipulieren lassen, was wiederum hieß, dass nicht G'tt seine Geschöpfe regiert, sondern umgekehrt: Die Geschöpfe regieren G'tt. Es würde Hewel also immer wieder gelingen, G'tt zu manipulieren, und wenn das so ist, würde G'tt immer Kains Geschenk abweisen. Es hieße aber auch, dass G'tt auch Kains Absichten nicht durchschauen kann. Kain resigniert. Mit solchen Gedankenschlüssen wird Kain zum G'ttesleugner, so wie auch über die G'ttesleugner bei Jesaja 8:21 gesagt wird: »Es wird geschehen, dass er hungern wird, und er wird von Wut übermannt werden und Ihn verfluchen, seinen König und seinen G'tt«, der ihn nicht versorgt hat.

Interessanterweise weist einer der Namen G'ttes im Hebräischen auf diese Qualität des Lebensspenders hin: *El Schadaj* könnte als »G'tt, meine Brust« übersetzt werden. Gleichzeitig wird es auch als »G'tt, der sagt: Genug!« *[El Sche-Daj]*, interpretiert, was genau auf den gegensätzlichen, beschränkenden Aspekt des gleichen G'ttes hinweist.[13] Dies ähnelt der These vom Kleinkind und der guten und bösen Brust, wie Melanie Klein sie beschreibt: »Die unvermeidlichen Enttäuschungen verstärken, gemeinsam mit glücklichen Erlebnissen, den angeborene Konflikt zwischen Liebe und Hass und zwischen Lebens- und Todestrieb, die zu dem Gefühl führen, dass eine gute Brust zu einer bösen Brust wird. Es liegt in der Natur des Neides, dass er ursprünglich gute Objekte verdirbt.«[14]

Gen 4:7

G'tt spricht Kain an und warnt ihn vor den Konsequenzen seines Zustands. Es folgt ein unverständlicher Satz: »Ist es nicht so? Wenn du besser wirst (...) erheben« (Gen 4:7). Hier fehlt etwas. Was denn erheben?

Ibn Esra, ein spanischer Kommentator des 12. Jahrhunderts, sagt, dass das Verb »erheben« sich auf Kains Gesicht bezieht, so wie vorher gesagt wurde, dass sein Gesicht fiel, vergleichbar mit vielen anderen Stellen des Tanachs, z. B. 2 Samuel 2:23: »Wie soll ich mein Gesicht vor deinem Bruder Joav heben?«

Das Gesicht zu heben bedeutet: »ohne sich zu schämen ins Gesicht des anderen schauen zu können«.

Sforno kommentiert den Satz eindeutig: »Warum ärgerst du dich aus Neid deinem Bruder gegenüber? Der Ewige sagte: Du hast es nicht gebracht, wie es sein sollte, aber du kannst dich nächstes Mal verbessern, denn es gibt nichts, was man nicht verbessern könnte. Es gibt keinen Grund, das Geschehene zu bedauern. Bemühe dich, in Zukunft eine Verbesserung zu erzielen.«[15] Die nächste Aussage G'ttes (»wenn du nicht besser wirst, dann lagert die Sünde vor dem Eingang«) kann deswegen als eine Warnung an Kain übersetzt werden.

Toldot Jizchak kommentiert: »Wenn du Böses gegen Hewel planst, ich warne dich: tu das nicht! Wäre es nicht besser für dich (dein Gesicht) zu erheben?!«[16] Das bedeutet, Kain sollte aufhören, Hewel zu beneiden, und versuchen, die Anerkennung, nach der er so verlangt, beim nächsten Mal zu erlangen.

Es folgt dann G'ttes Warnung an Kain: »Und wenn du nicht besser sein wirst, dann wird auf dir ein Fluch liegen«, so wie es in Deut 11:26–27 gesagt wird: »Siehe, ich gebe heute vor euch Segen und Fluch. Den Segen, wenn ihr auf die Gebote des Ewigen, eures G'ttes hört, und den Fluch, wenn ihr nicht darauf hört.« Das heißt, dass hier nicht auf Lohn und Strafe angespielt wird, sondern auf Ursachen und Folgen unserer Handlungen. Jeder erntet von seinen eigenen Früchten. Wenn du gut bist, dann bist du ein Segen. Wenn du dich nicht verbesserst, dann begibst du dich in die Gefahr, einen Fehler zu machen und dann wird der Fluch auf dir liegen. G'tt warnt Kain schon vorher.

Sünde oder: Was ist Neid aus rabbinischer Sicht?

»… dann lagert die Sünde vor dem Eingang.« (Gen 4:7)
Was für ein Eingang? Ibn Esra kommentiert: »Am Eingang deines Hauses wird das Verbrechen lagern, d.h. überall wo du hingehst, wird es mit dir ziehen. Es gab eine Redewendung aus der Zeit: An der Grabes-Öffnung wird das Verbrechen lagern am Tag des Gerichts!«[17] Das heißt, falls Kain sich entscheidet, sich nicht zu bessern, und den Fehler begeht, dann wird ihn dieser Fehler, dieses Vergehen, verfolgen. So wie es in der Mischna, Sprüche der Väter, steht: »Einer bösen Tat folgt die nächste.«[18]

Es findet sich dann eine zweite unverständliche Stelle in diesem Vers 7, wenn es heißt: »dann lagert die Sünde vor dem Eingang. Nach dir ist sein (…) Verlangen, und du wirst über ihn herrschen.« Hier besteht eine Diskrepanz zwischen der Sünde auf der einen Seite und dem, der Verlangen nach uns hat und den wir beherrschen sollen, auf der anderen. Wie kommt das?

Das Genus des Begriffs Sünde ist im Hebräischen, wie im Deutschen, weiblich. Es sollte also geschrieben stehen: *Chatat rovezet,* die Sünde lagert vor dem Eingang. Aber es wird in männlicher Form geschrieben. *Er* lagert vor dem Eingang. Von wem ist die Rede?

Der *Sohar,* ein kabbalistisches Werk, sagt: »Der böse Trieb wird sich lagern in unserer Nähe von dem Tag unserer Geburt.«[19] In der rabbinischen Literatur ist Neid als Trieb oder die bewegende Kraft zu verstehen. Neid an sich ist keine Sünde. Alle Menschen haben Triebe. Die Frage ist, wie wir Menschen mit unseren Trieben umgehen. Können wir sie in positive Richtung entwickeln, dann wird daraus ein guter Trieb, der uns eben zum Fortschritt treibt. Oder wir nutzen ihn in einer negative Art und Weise und dann bezeichnet man ihn als den bösen Trieb.

Triebe oder Neigungen an sich zu haben ist weder gut noch böse. Wir alle brauchen den Trieb. Die Rabbiner sagen: »Ohne den Neid würde die Welt nicht bestehen. Es würden keine Weinstöcke gepflanzt, keine Häuser gebaut, die Frauen nicht geheiratet und Kinder nicht gezeugt.«[20] Wir brauchen die Triebe. Hier wird ganz deutlich gesagt, dass wir unsere Triebe nicht vermeiden oder unterdrücken, sondern sie einfach beherrschen sollen. Der böse Trieb ist also die Unfähigkeit, das eigene Gemüt zu kontrollieren.

Es heißt dann weiter in Gen 4:7: »Nach dir ist sein (...) Verlangen und du wirst über ihn herrschen.«

Wovon ist die Rede? Raschi kommentiert: »Sein Begehren ist die Sünde oder der Neid. Wenn du aber willst, kannst du ihn beherrschen. So erinnert der Ewige uns, dass wir es durch unseren Willen schaffen können, den Trieb zu beherrschen.«

Alschech: »Einer bösen Tat folgt die nächste. Derjenige, der damit begonnen hat das Verbrechen zu tun, wird von dem Trieb beherrscht, deswegen leiste ihm Widerstand und beherrsche du ihn!«[21]

Rabbi Josef al-Ashkar[22] sagt, dass jedes Mal, wenn wir vor einer Lebensprüfung stehen, sich der böse Trieb neben uns lagert und es sich dann herausstellen muss, ob der Trieb uns besiegt oder wir ihn. Entsprechend überliefert der Talmud auch eine Geschichte von Alexander aus Makedonien, bekannt als Alexander der Große: Die Rabbiner haben Alexander gemocht und ihn für sehr weise gehalten. Er hatte nur einen einzigen Nachteil: Nachdem Alexander die ganze Welt besiegt hat, sagte Aristoteles zu ihm: »Mein Herr, bis jetzt hast du den kleinen Krieg gewonnen. Nenne dich nicht Held, bis du den großen Krieg gegen deinen Trieb gewinnst.« So wie der Prophet Jeremia 9:22 sagte: »Der Held soll sich nicht mit seinen Heldentaten preisen«, denn die Heldentaten werden den Menschen früher besiegen.

Nun kann mit dem bösen Trieb, wie wir sehen, alles Mögliche gemeint sein. Aber in unserem Fall ist es der Neid, der besiegt werden muss.

Die rabbinische Literatur versucht nicht, den Neid zu bekämpfen oder zu vermeiden, so dass man einen extrem zurückgezogenen Lebensstil führen müsste – dies war im frühen Mittelalter die Polemik gegen das Mönchtum im Christentum. Man sollte vielmehr, wie der Text schildert, den Neid und alle anderen ähnlichen Gefühle beherrschen und in produktive Bahnen lenken und sich nicht von der Welt und den Versuchungen zurückziehen.

So weit die kabbalistische Vorstellung von der idealen, der perfekten Welt am Ende der Tage. Wird danach der böse Trieb in uns noch vorhanden sein oder werden wir nur vom guten Trieb bestimmt sein? Nach rabbinischer Ansicht ist der böse Trieb weiterhin notwendig, er wird weiter mit uns sein. Nur werden wir in der künftigen Welt fähiger sein, mit unseren Trieben umzugehen, und besser wissen, wie wir diesen bösen Trieb in eine konstruktive, produktive Richtung lenken und ihn im positiven Sinne nutzen können.

Nun kommt eine spannende Darstellung von dem, was vor dem Mord geschah. Es steht geschrieben: »Und Kain sagte zu Hewel (…) und als sie auf dem Feld waren, stand Kain gegen seinen Bruder auf und erschlug ihn.«

Die erste Hälfte des Satzes bleibt in der Luft hängen. Wir wissen nicht, was Kain zu Hewel gesagt hat.

Die Rabbiner haben versucht, in der Aggada – der mündlichen Überlieferung aus dem 2. Jh. –, im Midrasch *Bereschit Raba*[23] 22:7, diese Leerstelle zu füllen, und beziehen sich auf die zweite Hälfte des Satzes »als sie auf dem Feld waren«:

> »Sie haben versucht, die Welt aufzuteilen: Einer nimmt das Land und der andere das mobile Eigentum. Kain sagte: ›Das Land, auf dem du stehst, ist meins.‹ Der andere sagte: ›Das, was du trägst, deine Kleidung, ist meins.‹ Dieser sagte: ›Zieh dich aus‹, der andere sagte: ›Verschwinde, denn wenn die Erde meine ist, gibt es für dich hier keinen Platz!‹ Dann stand Kain gegen Hewel auf und tötete ihn.«

Was für ein ironischer Kommentar über die Moral der menschlichen Rasse! Was für eine bittere Wahrheit, enthalten in dieser Beschreibung der zwei Brüder: Sie haben eine ganze Welt als Geschenk bekommen und können sie nicht ohne Streit teilen …

Der Midrasch erzählt weiter: »Rabbi Joschua von Sachnin sagte im Namen seines Lehrers Rabbi Levy: ›Sie haben beide das Land verteilt.‹« Rabbi Levy glaubt, dass dies ein religiöser Disput darüber war, auf wessen Feld einst der Tempel gebaut werden soll. Wir müssen uns hier vor Augen halten, dass dieser Kommentar aus dem 2. Jh. stammt, also nach der Tempelzerstörung verfasst wurde.

Das Gespräch zwischen den Brüdern war also folgendes: Der eine sagte: »Der Tempel wird auf meinem Land gebaut«, der anderer sagte: »Nein auf meinem.« Weil es heißt: »und als sie auf dem Feld waren«. Sie wussten, dass der Tempel in der Zukunft auf diesem Feld gebaut werden würde, so wie es beim Propheten Micha 3:12 geschrieben steht: »Darum wird Zion um euretwillen wie ein

Feld gepflügt werden, und Jerusalem wird zum Steinhaufen werden und der Berg des Tempels zu einer wilden Höhe« (daraus wird geschlossen, dass der Tempel darauf stehen wird, bevor er zerstört wird). Und auch hier ist es eine Ironie, die auf unsere heutige Zeit bezogen werden kann. Jeder weiß, dass ein heiliger Ort einen Menschen näher zu geistigen Werten bringen soll: ein besserer Mensch zu sein, in Liebe und Geschwisterlichkeit zu leben. Und auf diesem kleinen Ort soll ausgerechnet der erste Mord passiert sein. Es ist eine sehr scharfe Bemerkung der Rabbiner, sie kritisieren, wie viel Blut in der Geschichte der Religionen vergossen wurde und wie viele Kämpfe wegen des heiligen Landes geführt wurden. Nur Tod und Zerstörung können die Folge von Neid sein, was oft durch theologische und politische Dispute verbrämt wird.[24]

Die dritte Meinung wurde von Rabbi Jehuda, Sohn von Rabbi Jehuda haNassi, in demselben Midrasch geäußert. Er glaubte, dass der Grund für den Streit eine sexuelle Konnotation hatte. Der Streit soll um Eva, ihre Mutter, gegangen sein, sozusagen um den Besitz ihrer Mutter (der bis dahin einzigen Frau). Diese Interpretation wird im 1. bis 2. Jh. v. d. Z. möglich, als bei der Beschreibung sexueller Beziehungen die Frau in einer »schönen« allegorischen Sprache als Feld bezeichnet wurde. Wenn Freud diesen Kommentar gekannt hätte, hätte er den Ödipuskomplex wahrscheinlich »Kain-und-Hewel-Komplex« genannt.

Rabbi Huna sagte:»Nein, der Streit ging nicht um Eva, sondern um die ältere Zwillingsschwester von Hewel: Weil bei der Geburt von Hewel nicht gesagt wurde, dass Eva einen Sohn gebar, sondern: Und sie setzte fort zu gebären.« Und auch in Gen 5:4 heißt es:»Und Adam war 830 Jahre und gebar Söhne und Töchter.« So wird daraus geschlossen, dass ihr Streit um Frauen ging.

Ramban aus Katalonien (13. Jh.) erklärt (zu Gen 4:10), dass Kain um seine Erstgeburt stritt und dachte, wenn er seinen Bruder tötet, wird sein Vater keine Söhne mehr zu Welt bringen, und so könnte er allein über die ganze Erde herrschen.[25]

Gen 4:9

»Der Ewige sprach zu Kain: Wo ist dein Bruder Hewel?«
(Gen 4:9)
Raschi sagt: G'tt fragt nicht, weil er es nicht weiß, sondern um ihm
die Chance zu geben, seine Tat zu bereuen. Genauso hat er Adam
gefragt, nachdem dieser von dem verbotenen Baum gegessen hat.
Was tat Adam? Er versteckte sich vor G'tt und beschuldigte dann
Eva. Er hat seine Schuld nicht anerkannt. Was tat Kain? Er versteckt die Leiche Hewels in der Erde, und hoffte, dass G'tt dies
nicht merkt. Kain antwortete, er wisse nicht, wo Hewel sei. »Bin ich
der Hüter meines Bruders?«

Kain antwortet G'tt mit einer Gegenfrage, indem er seine Funktion als der ältere Bruder verleugnet und damit zugibt, dass er eigentlich doch der Hüter seines Bruders war.

Gen 4:10

»Was hast du getan? Das Blut deines Bruders schreit zu mir aus
der Erde« (Gen 4:10).
Da begreift Kain, dass er bei seinen Unterstellungen G'tt gegenüber
falsch lag, und bedauert den Mord an Hewel.

Ibn Esra vermutet, dass Kain versucht hat, Hewel zu ersticken,
aber möglicherweise waren im Feld Stöcke oder Steine, die er als
Mordwaffe benutzt haben könnte.[26]

Ramban bemerkt, dass die Erde nach dem Mord entweiht
wurde, so wie in Num 35:33 steht: »Verflucht wird nicht die Erde,
sondern der, der den Mord begangen hat.«

Deshalb mahnt er: »Ihr sollt das Land, in dem ihr seid, nicht entwei-
hen, denn das Blut entweiht den Boden. Es gibt keine Vergebung für das
Blut, dass darin vergossen wurde, es sei denn durch das Blut dessen,
der es vergoss.«[27]

Eigentlich sollte Kain dem Todesurteil durch die Hand anderer
Menschen nicht entgehen, aber er gibt schließlich seine Schuld zu,

108

was ihm das Leben rettet: G'tt prägt ihm ein Mal auf die Stirn. Dieses Merkmal wurde seitdem denjenigen aufgedrückt, die Reue gezeigt haben. Darauf hin wurden sie zu biblischen Zeiten vor der Vergeltung durch die wütenden Verwandten verschont.

Abschließende Bemerkungen

Das Thema Neid ist mit dem Beispiel von Kain und Abel nicht erschöpft. Die mündliche Tradition hat dieses Thema weiterentwickelt und viele neue, beispielhafte Geschichten geschaffen. Der Neid gehört nicht zum Bereich der Gebote oder Verbote, sondern zum Bereich der Richtlinien für das zwischenmenschliche Benehmen, *derech erez*. Dies wird von den Rabbinern in den sogenannten *ethischen Werken* entwickelt und ausgearbeitet.

Ich schließe mit einer existenziellen rabbinischen Frage und Antwort über Neid:

»Wenn es wirklich so ist, dass der Ewige, sein Name sei gesegnet, möchte, dass der Mensch an allem, was er besitzt, zufrieden ist, warum hat er so viele Menschen erschaffen in einer Welt und hat die Menschen dadurch gemeinschaftlich veranlagt? Wäre es nicht besser, dass jeder Mensch seine eigene Welt bekommen hätte und es so keine Möglichkeit gäbe zu Neid oder Konkurrenz zwischen den Menschen?«[28]

Im Midrasch *Bereschit Raba (Wajechi 96)* wird eine Antwort darauf gegeben: »Jeder Gerechte hat eine Welt für sich.« Das heißt: Vergleicht euch nicht mit anderen.

Anmerkungen

1   Dieser umfasst die Teile Tora (Fünf Bücher Mose), Nevi'im (Propheten) und Ketuvim (Schriften).
2   Sprüche 23:6; 28:22.
3   Z. B. Gen 16; Gen 29:31, 30; 1. Kön 3:16–28.

4   In der griechischen Übersetzung der Bibel, der Septuaginta (250 v. d. Z. bis 100 n. d. Z.) werden die Eigen- und Ortsnamen fast ausnahmslos hellenisiert.

5   Rabbejnu Bachya (oder Bechaje) ben Ascher zu Numerus Kap. 16. Rabbejnu Bachja wurde 1255 in Spanien geboren.

6   Vgl. Rabbejnu Bachja (oder Bechaje) im Werk *Kad Kemach*, Kapitel »Neid«.

7   Orchot Zadikim, Kap. Neid, Abschnitt 17. Dieses Werk ist eine Sammlung ethischer Lehren der talmudischen Rabbiner und der frühen Kommentatoren (bis 1465) mit persönlichen Anmerkungen des Autors und praktischen Hilfestellungen zur Entwicklung des Charakters. Orchot Tzadikim wurde erstmals 1542 in einer jiddischen Übersetzung gedruckt.

8   Baba Batra, S. 21a, verfasst im 3.–6. Jh. v. d. Z. in Babylonien.

9   Orchot Zadikim, Kapitel Neid, Abschnitt 17. The Ways of the Tzadikim, S. 133ff.

10   Toldot Jizchak zu Genesis 4:5. Verfasst von R. Hajim ben R. Mosche ibn Attar, geboren 1696 in Sali, Westmarokko.

11   Midrasch Sechel Tow zu Genesis 4:5, S. 49. Verfasst von Rabejnu Menachem bar Schlomo, 1138, Katalonien.

12   Or Chajim zu Genesis 4:5 von R. Hajim ben Mosche ibn Attar.

13   Vgl. Mosche Kordovero, 16. Jh., Pardes Rimonim 4:10, S. 58.

14   M. Klein: Neid und Dankbarkeit. In: Psyche, Heft 5, 1957, S. 244–245.

15   Sforno zu Genesis 4:7. R. Ovadija ben R. Jacob Sforno wurde ca. 1480 in Italien geboren.

16   Toldot Jizchak zu Genesis 4:7.

17   Ibn Esra zu Genesis 4:7. Ibn Esra war ein jüdischer Gelehrter und Schriftsteller, geb. 1092 in Tudela, Spanien.

18   Mischna, Traktat Awot 4:2, S. 177.

19   Sohar, Wochenabschnitt Wajischlach 165b. The Zohar, S. 229.

20   Schocher Tow »Guter Freund« oder Midrasch Tehilim 37:1, 12. Jh.

21   Alschech zu Genesis 4:7. R. Mosche (Maharam) Alschech wurde 1507 in der Türkei geboren.

22   Rabbi Josef ben Rabbi Mosche al-Ashkar, geb. 1470 in Sevilla, Spanien.

23   Midrasch Bereschit Raba, S. 213. Midrasch Raba gehört zu den älteren Midraschim, etwa 2. Jh. n. d. Z.

24   Vgl. Kosman, A.: What did Cain say to Abel? In: PaRDeS. Zeitschrift der Vereinigung für Jüdische Studien e. V., Heft 15, 2009, S. 157–160.

25   Ramban zu Genesis 4:8. R. Mosche ben Nachman (Ramban, Nachmanides) wurde 1194 in Gerona, Katalonien, geboren und starb 1270 in Israel. Er war in seiner Generation der herausragendste Tora-Kommentator.

26   Ibn Esra zu Genesis 4:8.

27   Ramban zu Genesis 4:11.

28   Rabbiner Elieser Elijahu Dessler: Kuntres haChessed, S. 47. Rabbiner Elieser Elijahu Dessler (geb. 1891 in Homel, Russisches Kaiserreich, gest. 1953 in Bnei Brak, Israel) war ein Rabbiner, Talmund-Gelehrter und jüdischer Philosoph. Er spielte eine bedeutende Rolle innerhalb der Mussar-Bewegung.

Literatur

Der Babylonische Talmud. Kommentiert von Rabbiner Adin Steinsaltz. Jerusalem 2002.

Klein, M.: Neid und Dankbarkeit. In: Psyche, Heft 5 (1957), S. 244–245.

Kosman, A.: What did Cain say to Abel? In: PaRDeS. Zeitschrift der Vereinigung für Jüdische Studien e.V. Heft 15 (2009), S. 157–160.

Markevet haMishna. Zu: Avot Orot Jehadut haMigrav. Lud 2007.

Michtav miElijahu. Kuntres haChessed. Rabbiner Elijahu Dessler. Sifriati, Jerusalem 2002.

Midrasch Sechel Tow. Berlin 1900, S. 49.

Midrasch Bereschit Raba. Theodor-Albeck Edition. Jerusalem 1996, S. 213.

Mikraot Gedolot. Kommentare von Sforno, Ibn Esra, Raschi, Ramban. Warschau 1860, S. 9–10.

Mischna. Marix, Wiesbaden 2005, S. 592

Or Chaim. Rabbi Hayyim ben R. Moshe ibn Attar. New York 1917.

Orchot Zadikim. The Ways of the Tzadikim. Feldheim Publishers, Jerusalem 1994, S. 133ff.

Pardes Rimonim. Mosche Kordovero. Jarid Sefarim, Jerusalem 2000.

Rabbejnu Bachja. Bemidbar. Warschau 1852.

Schocher Tow. Midrasch Tehilim. Jerusalem 1968.

The Zohar. Rav Jehuda Ashlag. Vayishlach. The Kabbalah Centre International, New York 2003.

Toldot Jizchak. Mantua 1558.

Torat Mosche. Alschech. Warschau 1879.

PETRA BAHR

Gönnen und Neiden – theologische Anmerkungen

Es gibt Geschichten, die sind nie zu Ende erzählt. Kaum ist der Erzähler am Schluss angelangt, rufen die Zuhörer wie Kinder beim Ende der Gutenachtgeschichte: »Noch einmal von vorne!« Nicht der Schlaf ist gekommen, sondern der Geist der Abenteurer, der nicht genug haben kann von den Nachtgestalten, in denen wir uns selbst erkennen. Diese Abenteuerlust hat manchmal auch etwas Zwanghaftes, als könnten wir von der Wiederholung nicht lassen, auch wenn wir uns nach traumlosem Schlaf sehnen. Geschichten können uns verfolgen wie Gespenster.

Die biblische Geschichte von Kain und Abel ist so eine Geschichte. Tausendfach erzählt, muss sie doch immer wieder neu erzählt werden, das eine Mal atemlos und knapp wie eine schlechte Nachricht, ein anderes Mal wie ein realistischer Roman mit tausend Nebenfiguren, Seitensträngen und falschen Fährten, manchmal wie eine unerhörte Begebenheit, dann wieder als lakonische Landvermessung aus dem Reich der menschlichen Seele, die auch nach gründlicher Erforschung noch ein exotisches Gelände geblieben ist. Die Geschichte von der ersten Geschwisterrivalität, die in Mord und Totschlag endet, die Geschichte einer gefährlichen Konkurrenz, die Geschichte eines seltsamen Gottvaters, der das Opfer des einen Sohnes annimmt und das des anderen verwirft – Judentum, Christentum und Islam haben sie je auf ihre Weise nachvollzogen, Deutungen probiert und wieder verworfen. Die großen Geschichtenerzähler des Abendlandes aus Philosophie und Dichtung konnten von der Urszene aus Scham und Schuld, Neid, Angst, Verletzen und Töten nicht die Finger lassen, und in der

Gegenwart hat die Kriminalliteratur die Kains und Abels in Serie geschickt. Viele dieser Geschichtsdeutungen sind blasser als die biblische Erzählung selbst, die in ihrer Lakonie und ihren vielen leer gelassenen Plätzen zwischen den Worten jede Menge Raum für immer neue Deutungen lässt. Trotzdem waren Kain, Abel und Gott lange in Schwarz-Weiß gemalt, grobe Typen für allerhand religiöse wie antireligiöse Klischees: Abel, der Gute, der mit seinen Schafen auf den Weiden Kains die abendländische Idylle aufführt, bukolische Heiterkeit im Gesicht und Unschuld im Herzen, der zweite Sohn, der Nachahmer, der Ehrgeizlose, der auf der Flöte spielt und dem Gott seine Gunst erweisen will wie in einem deutschen Volkslied besungen. Kain, der Ehrgeizige, der Erstgeborene, der Umtriebige, der in seiner narzisstischen Wut den Bruder erschlägt, nur weil der Vater ein Opfer ablehnt. Und dann ist da noch dieser unberechenbare Vater, jene Projektionsfigur für all die Gottesvergifteten, dieser Gott, der wie ein preußischer Vater seine Freiheit für jene willkürliche Unbeherrschtheit nutzt, die der Film *Das weiße Band* von Michael Haneke noch einmal in Szene setzt. Zurück bleiben ein gebrochenes und ein totes Kind. Grund genug, diesen Gott in Einsamkeit alt werden zu lassen.

Erst in jüngster Zeit gibt es neue Versuche einer Ehrenrettung. Sind Gut und Böse in der Geschichte wirklich so hübsch pädagogisch angeordnet, wie Liebhaber und Verächter einer moralischen oder auch nur moralistisch sich gerierenden Religion es wollen? Abel, der sanftmütige Tugendheld, und Kain, der jähzornige Bösewicht, dessen Neid zur Gewalttat führt? Schon bei Klopstock in *Der Tod Abels* (1757) bekommt Kain mehr Kontur. Er wird als unglücklich, zweifelnd, zerrissen dargestellt. Aus dieser Positivierung des Zerrissenen wurde schnell der Aufstieg Kains zum Kämpfer für Mündigkeit, der Empörer, ja, der zornige Übermensch. Schon bei Nietzsche wirkt die Neigung zu Kain überzogen, eine Trotzreaktion gegenüber der Tradition, die Abel zum Ideal der Knabenfibeln macht, der ideale Kadett, der ideale Schwiegersohn. Bei Sloterdijk wird Kain gar zum Urbild des Anthropotechnikers.

Sympathischer wird er mir so nicht. Das Bild Gottes als eines zornigen alten Mannes tradiert sich seltsam unbedarft fort. Deshalb ist es höchste Zeit für den kleinen Versuch einer – zugegeben protestantisch inspirierten – Neuinterpretation, die das Verhältnis von Gönnen und Neiden, von Scham, Liebesverrat und Dankbarkeit neu justiert. Vielleicht wird damit auch eine religiöse Seelenlandschaft neu vermessen, in der das Register der Affekte ernster genommen wird als die Rabulistik dogmatischer Sätze.

Hier also der Versuch. Dazu konzentriere ich mich auf den Mittelteil des Dramas: »Es begab sich aber nach etlicher Zeit, dass Kain dem Herrn Opfer brachte von den Früchten des Feldes. Und auch Abel brachte von den Erstlingen seiner Herde und von ihrem Fett. Und der Herr sah gnädig an Abel und sein Opfer. Aber Kain und sein Opfer sah er nicht gnädig an. Da ergrimmte Kain sehr und senkte finster seinen Blick. Da sprach der Herr: Warum ergrimmst Du? Und warum senkst Du Deinen Blick? Ist es nicht so: Wenn Du fromm bist, so kannst Du frei den Blick erheben. Bist Du aber nicht fromm, so lauert die Sünde vor der Tür, und nach Dir hat sie Verlangen, Du aber herrsche über sie. Da sprach Kain zu seinem Bruder Abel: Lass uns aufs Feld gehen! Und es begab sich, als sie auf dem Felde waren, erhob sich Kain wider seinen Bruder Abel und schlug ihn tot.«

Lange herrschte Schweigen zwischen Gott und den ersten Menschen. Da ist die mythische Urerzählung eindeutig. Nach der Vertreibung aus dem Paradies und der Ankündigung, dass das Leben nun ziemlich mühsam werde, scheint die Beziehung zwischen Schöpfer und den freigelassenen Geschöpfen zerrüttet. Deshalb spricht manches dafür, dass Kain und Abel auf die Idee mit dem Opfer kommen, um Gott wieder günstig zu stimmen. Hier soll eine Beziehung wieder aufgenommen, vielleicht sogar geheilt werden. Was liegt da näher, als es mit einer kleinen Gabe zu versuchen? Erst vor dem Hintergrund dieser Gutwilligkeit ist der Zorn der nachgeborenen Interpretengemeinschaft verständlich, die nicht verstehen will, warum Gott das Opfer des einen Sohnes annimmt, das des anderen aber verwirft. Willkür liegt tatsächlich in der Luft, denn es ist einigermaßen unbefriedigend, Gründe in Gottes zweifelhafte Reaktion hineinzugeheimnissen. Wählt er das Fleisch vor den Erntegaben? Das wäre in Hinblick auf die literarische Schöpfungsordnung seltsam, denn zumindest in der ersten Schöpfungsordnung wäre das Paradies ein vegetarisches Reich. Dann hätte Abel eher die Schafwolle als den Tierleib opfern müssen. Wählt Gott den Zweitgeborenen vor dem Erstgeborenen und durchkreuzt so von Anbeginn an einen vermeintlichen Generationenvertrag? Ist die innere Haltung von Abel »frömmer«, also stärker am göttlichen Gegenüber als an dem eigenen Anerkennungsbedürfnis orientiert, wie es bei Zweitgeborenen nun mal öfter zu beobachten ist? Schwer zu sagen.

Vielleicht geht es in der Geschichte aber um eine andere Pointe, die mit dem Opfer viel zu tun hat, aber weniger im Sinne religiöser Opfertraditionen als in dem Sinne der bleibend aktuellen Frage nach dem Charakter von Beziehungen. Thema der Geschichte ist die misslungene Eröffnung einer neuen Beziehung. Kain will, auf den ersten Blick durchaus nachvollziehbar, stellvertretend für den Vater den Bruch zwischen Gott und Mensch (Adam) heilen, indem er Gott vom Erlös seiner Arbeit abgibt. Im Gegenzug erwartet er Anerkennung. Nun wird Kain diese Anerkennung scheinbar verwehrt, die Abel zugestanden wird. Ist das nur widersinnig oder gar bösartig oder, anders angesehen, von schwindelerregender Konsequenz für die Konstitution gelingender Beziehungen? Ist die Geschichte von Kain und Abel auch ein Kommentar zur Bestechungssucht des Menschen, der nicht glauben kann, einfach so, ohne Gaben, ohne Vermögen, ohne Leistungen, geliebt und anerkannt zu sein? Erwischt Gott Kain dabei, wie dieser die Beziehung zwischen beiden sozusagen erpressen will? Hofft er, dass mit dem Opfer die Rückansiedlung ins Paradies, das er aus den Erzählungen seiner Eltern kennt, in die Wege geleitet wird und damit die Entwicklungsgeschichte zwischen Gott und Mensch, die ja eine Geschichte der gutartigen wie bösartigen Unterscheidung ist, je nachdem, ob man die Vertreibung aus dem Paradies als Freiheitsgeschichte oder als Elendsgeschichte liest – schon Herder und Kant stritten in dieser Sache –, rückgängig gemacht werden kann? Dann wäre Kain der erste Priester und das Priestertum, jedenfalls in diesem Sinne, ein Missverständnis. Denn dann wäre das Opfer ein Tauschangebot mit Hintersinn. Die Neueröffnung einer Beziehung, so ließe sich weiterlesen, kann nur als Geschenk, als Geste der bedingungslosen Zuwendung geschehen. In der scheinbaren Willkür Gottes steckt vielleicht die Würde eines Geheimnisses, um den Preis, dass auch Gott liebesbedürftig gedacht werden müsste – eine ziemlich biblische Häresie, wie ich finde. Dann aber läge in der Würdigung des Abel'schen Opfers durchaus der Humor, der mit Freiheit manchmal einhergeht. Man kann mit guten Gründen die despotischen Züge des tradierten Freiheits- und Ehrkonzepts Gottes abschwächen, wenn man versucht, die Rolle Abels ein wenig aus dem Schatten zu holen. Ist Abel nur der kleine Nachmacher des großen Bruders, der in kindlicher Freude seine Gaben bringt, um diesem traurigen, einsamen Gott ein Lächeln aufs Gesicht zu zaubern? Geht es ihm vielleicht gar nicht um eine anerkennungheischende Geste? Dann könnte Gott dieses Opfer als Geschenk nehmen, in jener Freiheit, die die schon traditionelle Deutung als tyrannisch abtut. Hier spielt keine Vertragslogik in den Akt des Schenkens herein, hier gibt es keine Rückfallbürgschaft und keine klar definierte Erwartungshaltung darüber, wie das Gegenüber zu reagieren hätte.

Viele moderne Interpreten haben in ihrer Deutung die Ohnmachtserfahrung Kains in den Mittelpunkt gerückt, das Gefühl des Abgewiesenseins seitens Gottes, und zwar ohne ersichtlichen Grund und trotz der großen eigenen Anstrengung. Allerdings ist Kain gar nicht so ohnmächtig wie dargestellt. Er hat durchaus Handlungsalternativen. Gott spricht zu ihm. Die Ära des Schweigens hat ein Ende. Das erste Wort Gottes ergeht an Kain. Er begründet die Ablehnung des Opfers nicht, das ist wahr, aber er fragt, und in den Fragen steckt die Möglichkeit, die Beziehung unter Umgehung eines Opfers neu zu eröffnen, denn was ist die Anrede anderes als das Angebot der Beziehung? Gott registriert den Affekt des Kain präzise. Er sieht die Scham, die Kain ins Gesicht steigt, jenes körperliche Gefühl, den roten Kopf, die zitternde Oberlippe, die pulsierende Schlagader am Hals, den gesenkten Blick. Gott erkennt, dass Kain nun glaubt, weil er das Opfer abgewiesen habe, habe er auch den Menschen vor ihm abgewiesen. Deshalb spricht er: »Warum ergrimmst Du? Warum senkst du Deinen Blick? Ist es nicht so? Wenn Du fromm bist, so kannst Du frei den Blick erheben. Bist Du aber nicht fromm, so lauert die Sünde vor der Tür, und nach Dir hat sie Verlangen. Du aber herrsche über sie.«

Die Antwort Gottes ist lange als Moralpredigt verstanden worden, die nach der misslungenen Kontaktaufnahme mit göttlichem Zeigefinger dem eh schon Gedemütigten vorgehalten wird, um ihn noch kleiner zu machen. Doch im Grunde hilft Gott Kain erst mal zu einer Außensicht. Er zeigt, wenn man so will, in der Tradition der Affektenlehre, wie sie Martin Luther fasst, dass Sünde keine moralische Kategorie ist. Sünde ist nur der Begriff für alle Phänomene der misslungenen Selbst- und Fremdbeziehung. Sünde wäre dann eher Selbstverfehlung. Das in sich selbst verkrümmte Ich, der *homo incurvatus in se*, der grün vor Neid und rot vor Wut wird, jene narzisstische Kränkung immer vor Augen, ist nur insofern ein Sünder, als er unfähig ist, sich mit den Augen eines Anderen anzusehen. Zu gefangen in der eigenen Selbstwahrnehmung desjenigen, dessen Anerkennungsbedürfnisse nach den eigenen Vorstellungen unbefriedigt bleiben, ist er seinen düsteren Affekten hilflos ausgeliefert. Deshalb mag er dem Gegenüber nicht mehr in die Augen sehen. Die Kränkung angesichts des Erfolgs eines Anderen, die nagende Frage: »Was hat er, was ich nicht habe?«, verhindert den freien Blick auf die Szenerie. Die narzisstische Kränkung offenbart ein fatales Begehren, das auch durch die großzügigste Liebesgeste, die Ansprache und das Angesehenwerden durch Gott, offensichtlich nicht durchbrochen werden kann. Luther markiert diese Stelle zwischen Neid und Scham als eine Form schleichender Selbstvergiftung. Dieser grünrote Affekt nagt »wie Eiter in den Gebeinen«. Dieses starke Bild macht deutlich, wie sehr Kränkungen auch physisch krank machen. Schuld daran ist nicht einfach das böse Gegenüber oder gar der gemeine kleine Bruder, sondern die vom Eiter befallene Einbildungskraft, diese *imaginatio diaboli*, wie Luther schon Jahrhunderte vor der Psychoanalyse sagen kann.

Es ist gegen Martin Luther viel einzuwenden, er war selbst im Alter ein Mann voller kleinlicher und gefährlicher Ressentiments und, besonders gegenüber dem Judentum, von einer Art eschatologischem Neidkomplex gefangen, aber seine Sündentheorie, die er als Affekttheorie reformuliert, ist eine Goldgrube für eine an einer Theologie des Gefühls orientierten Reflexion der christlichen Überlieferung. Kain wird zum Opfer seiner Einbildungskraft, in der er sich als ungeliebten, verstoßenen Menschensohn vor Augen führt, während der, dessen Anerkennung er vermisst, liebevoll, ja geradezu weise therapeutisch mit ihm reden will – und ihn nicht erreicht. »Sieh mich doch an«, so buhlt Gott um den Blick des in sich selbst gefangenen Gegenübers. »Ich sehe Dich doch auch an.« Im Blick des Anderen liegt meine Würde, hat der französische Philosoph und Bibelausleger Emmanuel Levinas einmal gesagt. Wenn das stimmt, dann versucht Gott, Kain durch einen Blick zu erreichen, um ihn so, wie er vor ihm steht, mit Anmut und Würde auszustatten. Deshalb ist diese Geschichte so traurig: Kain kann diesen Blick nicht sehen, weil er seinen Kopf nicht heben mag. Er möchte so sehr im Erdboden versinken, dass er auf die herrliche Alternative, Gott ohne etwas in der Hand anzusehen, nicht zurückgreifen mag. Gott erteilt eine Absage an das Beziehungsdiktat, das im Opfer liegt, er will, dass die Beziehungsordnung nicht narzisstisch, sondern personal organisiert ist. Doch Kain reagiert wie der beleidigte Liebhaber in kitschigen Geschichten, der nicht versteht, dass nicht die Blumen, der Schmuck und die Karten entscheidend sind. *Die Angebetete will nur gesehen werden.*

Der Versuch einer Beziehungsaufnahme scheitert, vorerst – auch wenn der weitere Fortgang der Geschichte deutlich macht, dass bei dem biblischen Gott das menschlich belegte »Aus den Augen, aus dem Sinn« nicht fruchtet. Noch als Kain seine Scham, dieses Gefühl der Ohnmacht und Hilflosigkeit, in Schuld verwandelt – jene Kippfigur, die seitdem zur Ausstattung zorniger junger Männer gehört, um die eigene Verletzlichkeit im Gewaltakt in eine diabolische Souveränität über das eigene Leben zu verwandeln –, klebt Gottes Blick am Totschläger. Kain wird zum Täter. Immer wieder ist von Psychoanalytikern wie Michael Hilgers und Till Bastian diese Entwicklung beschrieben worden. Die Bibel ist voll von Gestalten, die zu diesem Ahnen passen. Auch die Gegenwart ist von ihnen bevölkert.

Die Lesart dieser Geschichte will auch einen Zugang zu Konstellationen der Gegenwart eröffnen. Die Zeit der Opferkulte mag prima facie vorbei sein, doch bei genauerem Hinsehen scheinen sich die Kultur des *do ut des*, des Gebens mit Hintersinn, und die Dominanz des Tausches gegenüber der Gabe tief in die Sozialbeziehungen eingefressen zu haben. Da braucht es gar keinen Hinweis auf die sogenannte »Neidgesellschaft«, die ja nur als Rechtfertigungsposten bemüht wird, wenn es darum geht, die Schere zwischen Arm und Reich, das immer stärkere Auseinanderdriften von Einkommen, Teilhabe an Bildung und Macht zu rechtfertigen. Auch Liebesbeziehungen, Beziehungen zwischen Eltern und Kindern, zwischen Freundinnen oder engen Kollegen sind gegen die klammheimliche Leitwährung des Tausches, also der merkantilen Vertragslogik, nicht gefeit. Wer etwas bekommen will, muss ständig fragen, ober er auch genug zurückgeben kann, damit ausgleichende Gerechtigkeit herrscht.

Zu dieser Leitwährung, in der die Verhältnisse auf eine viel radikalere Weise ökonomisiert werden, als das mit dem allfälligen »Ökonomisierungstheorem« und in der üblichen Konsumkritik schon begriffen wäre, gehört auch die Orientierung an Knappheit. Was ich nicht habe, soll mich antreiben. Die Lücke soll mich motivieren, das Defizit verlangt nach Auffüllung nicht nur der materiellen Güter. Das erzeugt einen schnellen Grundneid, das Gefühl, immer irgendwo zu kurz zu kommen, immer irgendwo übersehen zu werden, immer im Nachteil zu sein, trotz Investitionen, trotz Mühen, trotz Beziehungsarbeit – dieses unschöne Wort, das zumindest dann schief wird, wenn es einen Benefit, einen Verdienst, eine Rendite erwarten lässt. Die *imaginatio diaboli* wird von den starken Bildern der Medien befeuert, die die Szenen vom gelingenden Leben, von erfüllter Liebe, von innerer Zufriedenheit künstlich festlegen – Bilder, die sogar unsere Träume prägen. Diesen Bildern zu entkommen, die schnell zu Selbstbildern werden, weil sie den kulturellen Grundkonsens abbilden, ist schwer. Im Zustand permanenter Beschämung und Selbstbeschämung ist es nicht einfach, die Bilder links liegen zu lassen, der Logik des Tausches nicht zu glauben, den Blick zu heben und sich einfach im Vollsinne beschenken zu lassen. »Man bekommt ja schließlich nichts im Leben geschenkt« – dieser dumme Spruch ist das Gegenteil von Weisheit und spiegelt doch eine Grundannahme wider. Wer Geschenke braucht, kann sich offenbar nicht leisten, für das, was ihm zusteht, zu bezahlen, er ist auf Almosen angewiesen.

Überhaupt: zu lassen ist das Schwierigste. Sich etwas geschehen zu lassen und mit nichts als Dankbarkeit zu antworten, widerspricht unserem Gefühl der Souveränität, die sich mit Passivität nicht verträgt. Dankbarkeit ist die innere Größe, gerne empfangen zu können, und das breitwillige Dreingeben in eine Situation, in der das Gegenüber buchstäblich zuvorkommend ist, also mir zuvorkommt mit seiner Gabe. Nun ist auch Dankbarkeit nicht unschuldig. Oft genug bleiben nur die von frühster Kindheit an verordneten Gesten der Dankbarkeit, die entweder als bloße Konvention oder als Formeln der Selbstüberredung funktionieren. Dankbarkeit im anspruchsvollen Sinne wäre aber tiefe Einsicht darin, dass das Geliebtwerden, das Erkanntwerden, das Gewürdigtsein sich allen Kategorien des Tauschens, Kaufens und Bestechens entzieht und folgerichtig auch nicht von Vorleistungen aller Art abhängt, sondern frei von ihnen ist.

Alle nicht entstellte Beziehung ist ein Schenken, hat Adorno im 21. Aphorismus der *Minima Moralia* gesagt. Erst im Schenken wird der Andere zum Subjekt. Die Dinge, die im Tauschprinzip vermittelt werden, verlieren ihre Einzigartigkeit, ihre Unvergleichlichkeit. Schenken lebt von radikaler Einseitigkeit, von einer Ökonomie der Hingabe, die die Logik von Gabe und Gegengabe immer schon unterläuft. Hingabe ist das Gegenteil von Neid. Vielleicht wollte Gott Kain seine Einzigartigkeit zurückgeben. Vielleicht wollte er ihn aus den Tauschverhältnissen befreien, die offenbar schon am Beginn jeglicher Kultur zerstörerisch wirken. Vergeblich. Bis heute. Doch die Alternative steht seitdem im Raum.

WUNIBALD MÜLLER

Gönne dich dir selbst

Von der Kunst, sich gut zu sein

Vor über 800 Jahren schrieb Bernhard von Clairvaux an den damaligen Papst Eugen III.:

»Wo soll ich anfangen? Am besten bei deinen zahlreichen Beschäftigungen, denn ihretwegen habe ich am meisten Mitleid mit dir. Ich kann allerdings nur Mitleid mit dir haben, wenn du selbst Leid empfindest. [...] Wenn du also leidest, dann empfinde ich Mitleid mit dir; wenn nicht, tust du mir dennoch leid, ja, dann erst recht, denn ich weiß, dass ein Glied, das nichts mehr empfindet, schon ziemlich weit weg vom Heilsein ist, und dass ein Kranker, der gar nichts mehr von seinem Kranksein spürt, in Lebensgefahr schwebt.« (Bernhard von Clairvaux 1985.)

Von der Hektik und der langsamen Seele

Ein Afrikaforscher konnte es nicht erwarten, endlich ins Landesinnere vorzustoßen. Um früher an sein Ziel zu gelangen, gab er den Trägern, die ihn begleiteten, zusätzliches Geld, damit sie schneller gingen. Diese legten dann auch ein schnelleres Tempo vor, bis sie sich eines Abends auf den Boden setzten, das Gepäck ablegten und sich weigerten weiterzugehen. Auch durch noch mehr Geld ließen sie sich nicht dazu bewegen, weiterzumarschieren. Als der Forscher sie nach dem Grund ihres Verhaltens fragte, sagten sie:»Wir sind so schnell gegangen, dass wir nicht mehr so recht wissen, was wir tun. Darum warten wir, bis unsere Seele uns eingeholt hat.«

Oft warten wir nicht, bis unsere Seele uns eingeholt hat. Die Folge davon ist, dass unserer Seele, unser Herz hinterherhinken, der Abstand zwischen unserem Herzen und unserem Tun immer größer wird, wir uns verausgaben und unser Leben und unsere Arbeit uns keine Freude mehr machen, ja wir ihrer überdrüssig werden. Bis dahin, dass wir körperlich und seelisch krank werden, innerlich ausbrennen oder depressiv werden.

Viele brennen aus, weil sie ihre ganze Energie und Leidenschaft auf eine Sache hin ausrichten, sich dort total verausgaben. Mit dem Ergebnis, dass andere, wichtige Bereiche ihres Lebens vernachlässigt werden. Das kann so weit gehen, dass sie schließlich am Ende auch in dem Bereich, in dem sie sich engagiert haben, nicht länger etwas geben und bewirken können, weil sie sich total verausgabt haben.

Sie scheinen vergessen zu haben, dass ihr Leben, ihr Werk, ihr Lebenswerk den Federn eines Fasans vergleichbar ist, sich aus allen Federn zusammensetzt, das Wachstum der einen Feder nicht ohne das Wachstum der anderen denkbar ist, da alle Federn zu dem einen Fasan gehören. Das aber heißt übertragen auf unser Leben und Arbeiten, dass alle Bereiche unseres Lebens bedacht, gewürdigt, gepflegt, beachtet werden müssen, wollen wir zu diesem prächtigen Fasan werden.

Diese anderen Bereiche sind neben unserer Arbeit unsere sozialen Kontakte, angefangen von unserer Partnerin oder unserem Partner, unserer Familie, unseren Freunden bis hin zu unseren Bekannten, Verwandten und Kolleginnen. Die Zugehörigkeit zu einem Verein, einer Kirche können eine Bereicherung unseres Lebens sein. Das betrifft auch ein Engagement in ehrenamtlicher Tätigkeit oder in politischen Angelegenheiten. Andere Bereiche, die es gilt zu beachten, wenn wir dieser farbenprächtige Fasan sein wollen, ist der ganze Bereich der Freizeitgestaltung, der Besuch eines Konzerts oder Theaters, bis hin zu körperlichen Aktivitäten. Schließlich gibt es auch noch den Bereich – man könnte ihn den spirituellen Bereich nennen –, bei dem es darum geht, Formen zu finden, die es uns ermöglichen, nicht aufzugehen im Alltäglichen, uns in etwas zu verankern, das größer ist als wir selbst sind. Wollen wir verhindern, dass wir ausbrennen, oder, positiv formuliert, wollen wir, dass das Leben und unsere Arbeit uns Spaß und Freude machen, bei allem was sie uns auch an Unangenehmem, Tragischem und Furchtbarem zumutet, gilt es, die Kunst zu entwickeln, gut mit uns selbst umzugehen. Bernhard von Clairvaux, der Begründer des Zisterzienserordens, schreibt in seinem Brief an Papst Eugen III., von dem er den Eindruck hatte, dass er sich total verausgabt hatte:

> »Denke daran: Gönne dich dir selbst. Ich sage nicht: tu das immer, ich sage nicht, tu das oft, aber ich sage: Tu es immer wieder einmal. Sei wie für alle anderen auch für dich selbst da, oder sei es jedenfalls nach allen anderen.« (Bernhard von Clairvaux 1985)

Liebe dich selbst

Das ist natürlich leicht gesagt, setzt es doch voraus, dass ich mich lieben kann. Manche – darunter auch Psychotherapeutinnen und Psychotherapeuten – tun sich immer noch schwer damit, so geradeheraus von der Liebe zu sich selbst als etwas Positivem zu sprechen – als sitze ihnen noch Altvater Sigmund Freud im Rücken, für den, so Erich Fromm, »die Selbstliebe nichts anderes als Narzissmus [ist], die Hinwendung der Libido auf sich selbst« (Fromm 1972, S. 83). Jeder und jede von uns weiß aus eigener Erfahrung, um mit C. G. Jung zu sprechen, »dass es das Allerschwierigste, ja das Unmögliche ist, sich selber in seinem erbärmlichen So-Sein anzunehmen« (Jung 1971, S. 367f.). Der Weg zum Nahen ist oft der weiteste und schwierigste Weg.

Geht es darum, uns uns selbst zu gönnen, besteht die größte Herausforderung zunächst darin, uns selbst lieben zu können, unseren Nächsten, wie es im Neuen Testament heißt, »*wie uns selbst zu lieben*«. Viele verwechseln die Liebe zu sich selbst mit Egoismus.

Ihnen ist beigebracht worden, sich selbst zu lieben sei etwas Negatives, etwas Egoistisches, dass es zu überwinden gelte. So versagen sie sich das Ja zu sich selbst. Sie sagen zu sich: »Ich bin nichts wert, ich bin unbedeutend, ich bin klein, ich bin nicht liebenswürdig.« Der Theologe Joseph Ratzinger, jetzt Papst Benedikt XVI., sagt daher zu Recht:

> »Der Egoismus ist bei den Menschen zwar natürlich und ganz von selber da, aber keineswegs die Annahme seiner selbst. Den ersten muss man überwinden, das zweite muss man finden. Hier liegt nicht zuletzt die Wurzel dessen, was die Franzosen ›maladie catholique‹ nennen: Wer nur übernatürlich, nur selbstlos sein will, ist zwar am Schluss ich-los, aber alles andere als selbstlos …« (Ratzinger 1982, S. 79ff.)

Menschen, die sich selbst schätzen, die eine echte Liebe für sich empfinden und spüren, haben viel übrig für andere Menschen. Das wusste schon Meister Eckhart, wenn er sagt: »Hast du dich selbst lieb, so hast du alle Menschen lieb wie dich selbst« (Fromm 1972, S. 89). Sehr treffend wird das in dem Buchtitel eingefangen: »Liebe dich selbst und es ist egal, wen du heiratest« (Zurhorst 2010). Lieben wir uns selbst – das wissen wir aus eigener Erfahrung und aus unserer beruflichen Praxis –, nehmen wir anderen und dem lieben Gott viel Arbeit ab. Gönne ich mich mir selbst, dann gehe ich fürsorglich, respektvoll, verantwortlich mit mir um. Dann bin ich davon beseelt, mich zu entfalten und glücklich zu sein (Fromm 1972, S. 85). Genau das gönne ich dann auch meinen Mitmenschen. Ich neide es ihnen nicht, wenn sie glücklich sind. So besteht die Kunst, sich gut zu sein, zunächst einmal in der Fähigkeit, sich selbst anzunehmen, sich selbst so zu lieben wie man ist, alles, was in uns ist, zu küssen, also gut, liebevoll, zärtlich mit uns umzugehen (Grün 1995).

Halte inne

Also fangen wir an, uns uns zu gönnen, indem wir die Empathie, die wir immer wieder den Menschen schenken, auch uns selbst gönnen. Damit beginnt die Achtsamkeit mir selbst gegenüber. Diese kommt im Trubel des Alltags oft zu kurz. So kann es helfen, in unserem Tagesablauf ganz bewusst Akzente zu setzen, Rituale einzubauen, die dafür sorgen, dass die Achtsamkeit uns selbst gegenüber uns nicht verloren geht.

Der Beginn und der Abschluss des Tages bieten sich dafür in besonderer Weise an. In der Art und Weise, welche Akzente ich setze, welche Rituale ich pflege, kommt auch zum Ausdruck, wie ich mit mir umgehe, welche innere Haltung ich mir selbst gegenüber habe. »Morgens in der letzten Minute aufzustehen und das Frühstück herunterzuschlingen, ist auch ein Ritual, aber eines, das krank macht« (Anselm Grün). Ich kann aber auch bewusst etwas früher aufstehen, in Ruhe den Tag beginnen, meditieren, einige Zeilen aus einem Buch lesen, das mich inspiriert, eine kurze Betrachtung machen oder ein Gebet sprechen. Ein anderer beginnt den Tag damit, sich an seine Träume zu erinnern, sie aufzuschreiben, zu versuchen herauszufinden, was sie ihm sagen wollen, oder er lässt sich von seinen Träumen einfach energetisieren. Wieder andere beginnen den Tag mit Yoga, Eutonie, Tai Chi, den Fünf Tibetern, Autogenem Training oder anderen Entspannungsübungen.

Alle genannten Möglichkeiten tragen dazu bei, den Tag bewusst zu beginnen, mit mir in Berührung zu kommen, auch mit dem, was mich augenblicklich bewegt. Ich tue mir damit etwas Gutes, schenke meiner Befindlichkeit, meiner Seele, meinem Leib meine Aufmerksamkeit. Gönne mich mir selbst.

Auch in unseren üblichen Tagesablauf können wir Rituale einbauen, Momente, in denen wir uns innerlich oder auch äußerlich zurückziehen, um mit uns in Kontakt zu kommen, für eine Weile bei uns zu verweilen. Das kann zum Beispiel dadurch geschehen, dass wir für einen Moment unserem Atem unsere Aufmerksamkeit schenken und ganz bewusst einatmen und ausatmen.

Lenke deine Aufmerksamkeit auf deinen Atem. Atme drei Mal hintereinander lange und langsam ein und aus, wobei du, während du ausatmest, entspannst und loslässt. Wenn du willst, kannst du dabei denken:

Während ich einatme, lächle ich, während ich ausatme, entspanne ich.

Das ist ein wunderbarer Augenblick.

Andere mag ein kurzer Aufenthalt in einer Kirche, das Eintauchen in einen Raum der Stille, ein kurzes Gebet zur Ruhe kommen lassen und ihre Achtsamkeit sich selbst gegenüber fördern. Mir hilft es in der Mitte des Tages, wenn ich am Mittagsgebet der Mönche in Münsterschwarzach teilnehme, aus der Tiefe meines Herzens heraus den Hymnus zu beten:

Die Glut des Mittags treibt uns um,
die Stunden eilen wie im Flug;
du Gott, vor dem die Zeiten stehen,
lass mich ein wenig bei dir ruhen.

Wir atmen fiebrig und gehetzt,
der Streit flammt auf, das rasche Wort;
in deiner Nähe, starker Gott,
ist Kühlung, Frieden und Geduld.

»Heute besuche ich mich, hoffentlich bin ich zu Hause«, meinte der Komiker Karl Valentin. Wenn ich mich besuche, betrete ich meinen Innenraum, schenke ich mir selbst meine Aufmerksamkeit. Ich spüre dann auch, ob ich zu viel von meiner Energie verbrauche, mich übernehme, mich an dem von meinem Körper und meinem Herzen vorgegebenen Rhythmus orientiere oder mich davon entferne, mit dem Ergebnis, dass ich mit der Zeit meinen Körper und meine Seele überfordere und dementsprechend mit Müdigkeit, Ungeduld, körperlicher und seelischer Krankheit reagiere.

Manchmal kann es auch helfen, während des Tages für einen Moment ein Selbstgespräch mit mir zu führen und dabei all das zuzulassen, was in mir hochkommt, wie Freude, Frust, Trauer, Ärger, Dankbarkeit, Überdruss. Oder ich mag die Mittagspause dazu benutzen, ein paar Schritte zu gehen, mich von einer anderen Umgebung etwas ablenken zu lassen, durch eine gemächlichere Gangart den von Hektik bestimmten Rhythmus zu unterbrechen.

Stellen Sie sich vor, wie Sie durch eine belebte Innenstadt hetzen – um sich dann vorzustellen, wie Sie innehalten, ganz gemächlich gehen, dabei mit sich und Ihrer Umgebung in Berührung kommen. Im einen Fall sind Sie mit Ihren Gedanken bereits bei dem nächsten Geschäft, das Sie erledigen wollen. Im anderen Fall sind Sie ganz in der Gegenwart, nehmen sich selbst und ihre Umgebung bewusst wahr.

Das alles sind kleine Akzente, Rituale, die, wenn regelmäßig angewandt, uns gut tun. Wichtig ist, dass wir diesen Ritualen eine große Bedeutung im Ablauf eines Tages einräumen. Sie sind ein Schutz, wenn wir nicht von der Arbeit, den Pflichten, dem »Du musst« in Beschlag genommen werden wollen. Wir nehmen dann ernst, was Bernhard von Clairvaux in dem besagten Brief an Papst Eugen feststellt:

»Wenn du dein ganzes Leben und Erleben völlig ins Tätigsein verlegst und keinen Raum mehr für die Besinnung vorsiehst, soll ich dich dann loben? Darin lobe ich dich nicht ... Es ist viel klüger, du entziehst dich von Zeit zu Zeit deinen Beschäftigungen, als dass sie dich ziehen und du an den Punkt gelangst, wo das Herz hart wird. Und frage nicht weiter, was damit gemeint sei; wenn du jetzt nicht erschrickst, ist dein Herz schon so weit.« (Bernhard von Clairvaux 1985).

Beherzigen wir also, was im Buch der Sprüche (4,24) steht: »Mit der größten Vorsicht hüte dein Herz, von ihm geht ja das Leben aus.«

Lass dich beseelen

Ich tue mir schließlich etwas Gutes, wenn ich offen und sensibel dafür bin, mein Leben, meinen Alltag beseelen zu lassen, so dass in meinem Alltag, in meinem privaten Leben und in meiner Arbeit meine Seele durchscheint. Ich schaue dann darauf, dass meine Seele darin vorkommt: in der Art und Weise, wie ich mit meinem Körper umgehe, wie ich mich anziehe, wie ich meine Wohnung einrichte, meine Freizeit gestalte, meine Sexualität lebe, welche Werte ich unterstütze und lebe, welche Rituale ich pflege, wie ich mein spirituelles Leben gestalte.

Das gilt auch für meine Arbeit. Psychotherapeuten, Ärztinnen, Seelsorger, Frauen und Männer, die in helfenden Berufen arbeiten, sind hier privilegiert, können sie doch in ihrer Arbeit in besonderer Weise ihre Seele durchscheinen lassen: in der Art und Weise, wie sie ihren Arbeitsplatz gestalten, in der Einstellung, mit der sie ihren Patientinnen und Klienten begegnen, in den Möglichkeiten, die sie haben, den Regungen ihrer Seele, z. B. durch Traumarbeit, ihre Aufmerksamkeit zu schenken.

Wir tun uns Gutes, wenn wir von unserer Seele her leben und dabei – gerade weil wir keine Berührungsängste vor dem Hässlichen, dem Abgrundtiefen, dem Bösen, dem Schrecklichen, dem Banalen haben – dafür Sorge tragen, das Schöne, das Gute, das Positive nicht zu übersehen. Wir können auch mit entscheiden, was wir anschauen, auf uns wirken lassen, einsaugen: ob wir eine Blume betrachten, an einem See sitzend den Enten zuschauen, ein Kunstwerk auf uns wirken lassen, einen Film anschauen, den Sternenhimmel auf uns wirken lassen oder uns einen sinnlosen Porno reinziehen, uns von Fernsehbildern aus der Werbung berieseln lassen, uns Filmen und Videos mit Gewaltszenen aussetzen.

Lebe genießend im Augenblick

Wir tun uns weiter etwas Gutes, wenn wir etwas genießend im Augenblick leben. Oft sind wir gedanklich und gefühlsmäßig so absorbiert von dem, was war, was sein wird, was alles schief gelaufen ist, was alles passieren könnte, dass uns nur noch wenig Energie für den Augenblick zur Verfügung steht. Etwas bewusst zu genießen, etwas sinnlich zu erfahren kann uns in den gegenwärtigen Augenblick zurückbringen: eine wohltuende Massage, ein saftiger Pfirsich, ein atemberaubender Sonnenuntergang nach einem anstrengenden Arbeitstag. Alles in uns ist jetzt davon eingenommen. Diese Erfahrung ist wie ein einzigartiges, wunderbares Geschenk, das uns in den augenblicklichen Moment zurückbringt. Wir unterbrechen den bisherigen Rhythmus, atmen, schnuppern, schauen, riechen, schmecken, spüren. Wir sind mit uns in Berührung. Wollen wir etwas genießen, auskosten, müssen wir in der Gegenwart leben. Sind wir nicht wirklich präsent, kann der erlesenste Wein zum billigsten Fusel werden, die innigste sexuelle Begegnung zu einem banalen Vorgang werden (Whitehead/Whitehead 2009).

Wenn die Erfahrung von Genießen uns gegenwärtig sein lässt, kann das auch ein Weg sein, überhaupt bewusster zu leben, den heutigen Tag, wie Meister Eckhart empfiehlt, zum wichtigsten Tag zu machen. Unser Leben in Fülle zu kosten. Auszukosten. Nicht daran vorbeizuhetzen. In Ruhe erst einen Termin und dann den anderen wahrzunehmen, einer Verpflichtung nach der anderen nachzukommen. Einen Vortrag, einen Gottesdienst, eine therapeutische Sitzung oder ein seelsorgliches Gespräch nicht einfach hinter sich zu bringen, sondern – zumindest immer wieder einmal – auszukosten, zu genießen und dabei ganz präsent zu sein, so dass der Augenblick dabei zum Sakrament, zu einem heiligen Geschehen werden kann.

»Wisst ihr nicht, dass ihr Gottes Tempel seid und der Geist Gottes in euch wohnt?«, heißt es im 1. Korintherbrief (3,16). Wenn du deinen Leib als einen Tempel, als das Gefäß deiner Heiligkeit verstehst, dann kann eine solche Einstellung gegenüber deinem Leib dazu beitragen, dass du dir auch vorstellen kannst, begehrenswert, schön und liebenswert zu sein. Du kannst jetzt die Freude und die Lust, die aus der Erfahrung des Leiblichen, aus Berührung und Erregung entstehen, als schöne und positive Erfahrungen zulassen. Sagst du »Ja« zu deinem Leib, kannst du dich an deinem Leib erfreuen und dankbar dafür sein, dass du deinen Leib nicht nur im Schmerz, sondern auch in der Erfahrung von Berührung und Lust spüren und genießen darfst. Du kannst dich darüber freuen und dich davon für dein Leben, Lieben und Tun energetisieren lassen. Nach der Auffassung des Kirchenlehrers Thomas von Aquin ist die Fähigkeit, empfänglich zu sein für das Vergnügen, das aus der Berührung entsteht, eine Tugend. Die dazu nicht fähig sind, bezeichnet er als unsensibel.

Wird dagegen unser Leib vernachlässigt, rächt er sich durch Krankheit. Denn die Quelle von Stress und damit die Quelle psychischer und physischer Krankheit ist unter anderem eine Unausgeglichenheit, bei der wir nicht angemessen Rücksicht auf die Grenzen unseres Körpers und unserer Seele nehmen. Wir vergessen, dass es sich bei ihnen nicht um unerschöpfliche Reserven handelt, aus denen wir unbegrenzt schöpfen können, ja die wir ungestraft ausbeuten können. Begegne ich meinem Leib mit Respekt, dann behandle ich ihn nicht länger wie einen Esel, den ich schinde, vernachlässige, ausbeute. Ich möchte dann, dass mein Leib schön aussieht, dass ich mich gerne in ihm aufhalte, mein Leib ansprechend ist und wirkt. Ich begegne ihm mit Ehrfurcht, behutsam, zärtlich.

Liebe und arbeite

Stell dir vor, du bist der Besitzer eines Grundstücks und über viele Jahre hinweg schleicht sich die Praxis ein, dass die Menschen über deinen Rasen trampeln, um zur Busstation zu kommen, da es für sie die schnellste Route dahin ist. Nachdem du es für eine lange Zeit akzeptiert hast, sagst du zu dir: »Moment mal. Das ist mein Eigentum. Ich möchte nicht, dass Leute über meinen Rasen gehen.«

Also baust du einen Zaun um deinen Garten, wie wenn er ein Schild wäre. Zunächst ärgern sich die Leute, die es gewohnt waren, da zu gehen, dass ihnen der kurze Zugang zur Busstation verwehrt wird. Doch kurz darauf finden sie andere Wege und dein Grundstück ist gesichert. Du hast einen Schutzschild errichtet. Das kannst du auch mit deinem eigenen Leben tun.

Strukturen, Gepflogenheiten, Gewohnheiten können uns dabei helfen, wenn es darum geht, uns abzugrenzen, um eine gute Balance zwischen Arbeit und Freizeit zu gewährleisten, so dass neben der Arbeit und der Pflicht die Freizeit sowie Zeiten des Spielens und der Entspannung nicht zu kurz kommen. Das gilt auch für den Sonntag, wenn er dann auch als freier Tag genutzt wird.

Der Sonntag ist einer Kathedrale, einem Heiligtum in der Zeit (Heschel 2005) vergleichbar. Dieser Raum schützt uns vor dem Lärm und den Einflüsterungen der übrigen Welt. Der Aufenthalt in diesem Raum erhält uns unsere Unabhängigkeit gegenüber den Einflüssen der Welt des Außen, der Arbeit, der Technik. Nicht dass wir diese verachten. Nein! Doch wir beten sie nicht an, wir nutzen sie, werden aber nicht zu ihren Sklaven. Dazu eine kleine Geschichte von Jakob. Er erzählt:»Als Sheila und ich heirateten, schenkten uns unsere Großeltern eine brandneue Waschmaschine und einen Trockner. Das war ein sehr großzügiges Geschenk. Als uns die Großeltern ihre Geschenke überreichten, meinte der Großvater, dass es sich dabei um eine jüdische Waschmaschine und einen jüdischen Trockner handele. ›Was macht sie denn jüdisch?‹, fragte ich in meiner Naivität. Sheilas Großvater antwortete augenzwinkernd. ›Sie arbeiten nicht am Sabbat.‹« (Muller 1999, S. 27)

Wir brauchen Zeiten, in denen wir nicht bestimmt werden von den tatsächlichen und angenommenen Zwängen des Alltags und der Arbeit, Zeiten, die nicht besetzt sind von Zielen, Zwecken, Pflichten, von Resultaten, Profiten, die erreicht werden müssen. Wir brauchen Zeiten heiligen Nichtstuns, in denen wir einfach leben, da sind, präsent sind. Das Leben schmecken, riechen, tasten, spüren. *Leben*. Zeiten, in denen wir das Leben in Fülle leben. Eine solche Zeit ist der Sonntag, sollte der Sonntag sein – also nicht nur oder in erster Linie die Zeit, um mich von der vergangenen Woche zu erholen oder um aufzutanken für die bevorstehende Woche – so sehr das auch wichtig ist. Der Sonntag sollte vielmehr der Höhepunkt der Woche sein. An diesem Tag sollten wir so leben, als hätten wir schon alles getan, erledigt. Es ist der Tag, an dem wir jetzt schon etwas vom Himmel schmecken dürfen.

In der jüdischen Tradition war der Sabbat auch der Tag, an dem man sich liebte. Wayne Muller (1999, S. 31) berichtet von einem frommen Juden, in dessen Tradition es sogar die Vorschrift gab, sich viermal am Sabbat zu lieben. Von ihm befragt, ob er sich denn auch daran halte, antwortete er: »Nein, wir lieben uns nur einmal. Aber«, so fügt er mit einem Augenzwinkern hinzu, »mit einer großen Bereitschaft für die anderen drei Male.«

Um jetzt schon etwas vom Himmel schmecken zu können, ist es allerdings notwendig, dass wir uns eine gewisse Kindlichkeit bewahren. Wir erleben das bei Erwachsenen, die sich noch wundern oder begeistert sein können, die spontan sind, sich Zeit für etwas nehmen aus Neugierde und um des Vergnügens willen, Neues zu lernen. Es sind Menschen, die jetzt leben, statt sich in der Vergangenheit oder in der Zukunft aufzuhalten. Sie haben sich die Fähigkeit erhalten zu spielen, wie Kinder, die um des Vergnügens willen herumrennen – im Unterschied zu manchen erwachsenen Menschen, die ständig ihren Puls messen oder eine bestimmte Entfernung in einer bestimmten Zeit laufen möchten. Wirklich spielen heißt, etwas Zweckfreies tun. »Die Kinder, die das Leben *spielen*, erfassen seine wahren Gesetze und Beziehungen richtiger als die Erwachsenen, die nicht fertig bringen, es würdig zu leben«, schreibt Henry David Thoreau (1979, S. 103). Weiter meint er: »[...] ich war reich, wenn auch nicht an Geld, so doch an sonnigen Stunden und Sonnentagen, ich gab sie aus mit offener Hand. Auch bedaure ich nicht, dass ich nicht mehr von ihnen auf dem Katheder und in der Werkstatt verschwendete.« (Ebd., S. 193)

So gibt es bei aller Pflicht und allem Muss auch noch ein heiliges Nichtstun, bei dem wir die spielerische und kindliche Seite in unserem Alltag und Leben zulassen. »Wenn ihr nicht umkehrt und werdet wie die Kinder, werdet ihr nicht in das Himmelreich eingehen«, heißt es im Neuen Testament. Solange wir unsere Herzen lebendig und jung erhalten, machen wir auch noch ab und zu etwas Verrücktes. Unterdrücken wir dagegen unsere Herzen, werden wir vermutlich nie die Fülle unserer Berufung erreichen und, was noch schlimmer ist, wir werden lebendig tot sein. Dabei wollen wir doch leben. Oder? Wirklich leben. Dazu kann beitragen – und wir tun uns damit vielleicht das Beste, was wir an Gutem für uns tun können –, etwas bewusst wahrzunehmen und genießen zu können. Denn wenn wir etwas bewusst wahrnehmen und genießen können, leben wir im Jetzt, im Heute.

Eros und Arbeit

Wir gönnen uns uns selbst, wenn wir in unserem Leben und in unserer Arbeit Eros zulassen, sie mit Eros durchtränken, wenn unser Leben und unsere Arbeit uns Spaß machen, uns Freude und Vergnügen bereiten dürfen – selbst unsere therapeutische und seelsorgliche Arbeit. Manche sagen uns nach, dass von unserer Berufsgruppe der Psychotherapeutinnen und Psychotherapeuten – und auch der Seelsorger und Seelsorgerinnen – »zuweilen der Eindruck einer eher depressiv strukturierten, ausgesprochen selbstkritischen Berufsgruppe entstehe« (Heisterkamp 2011, S. 269).

Es geht darum, die sinnliche Seite in unserem Leben und unserer Arbeit zu würdigen. Eros in uns, in unserer Arbeit zu entdecken kann heißen, dass etwas uns besonders Spaß macht, uns mit großer Freude erfüllt. Oder ich kann es kaum erwarten, eine bestimmte Sache zu tun (Moore 2008, S. 144). Ich kann nicht erzwingen, dass mir die Arbeit Spaß macht. Aber ich kann dafür offen sein, mich davon überraschen lassen, sensibel dafür sein oder wieder dafür werden, was mir gut tut – und das dann auch genießen.

Dabei kann es sich entweder um ein Vergnügen handeln, das, so Epikur, vorübergehender Art ist, oder ein Vergnügen, das länger anhaltend ist und tiefer geht. Das kann ein bestimmter Klient sein, mit dem es mir Spaß macht zu arbeiten, die schöne Sitzecke, in der ich mich wohlfühle, ein Bild, eine Ikone, die ich in meinem Arbeitszimmer hängen habe, die ich vielleicht während meiner Gespräche anschaue oder die mich anschauen. In meinem Beratungszimmer ist es tatsächlich eine schöne, alte, wertvolle Ikone, auf der Maria mit dem Jesuskind abgebildet ist. Ikonen verstehen sich ja auch als Abbild des Göttlichen, bis dahin, dass sie wie ein Kuss Gottes wirken können. Ich schaue gerne auf diese Ikone und lasse mich von der spirituell-sinnlichen Kraft, die von ihr ausgeht, inspirieren, energetisieren, erfreuen. Thomas Mann freute sich, endlich wieder an dem Tisch schreiben zu können, den er sich eigens aus seinem früheren kalifornischen Domizil in sein Haus nach Kilchberg hatte transportieren lassen.

Ein »Gönne dich dir selbst«, bei dem ich mir auch Freude und Lust gestatte, mich von Eros berühren lasse, kommt mir und den andern zugute, auch in meiner therapeutischen Arbeit. Wenn ich ständig unzufrieden bin, mit mir, meiner Arbeit, vielleicht auch ungenießbar werde, kann das auch darauf zurückzuführen sein, dass Eros zunehmend in meinem Leben und in meiner Arbeit Hausverbot hat und das auf Kosten meiner Lebenszufriedenheit geht. Der Psychotherapeut Günter Heisterkamp meint in diesem Zusammenhang: »Die eigene Lebensfreude und das eigene Lebensglück des Psychotherapeuten bilden den atmosphärischen Kontext der psychotherapeutischen Behandlung. Oft begleitet diese Stimmung den therapeutischen Prozess und gibt dem Psychotherapeuten die notwendige Hoffnung, dass seine Patienten aus ihren Sackgassen wieder herausfinden. [...] Ich glaube, dass wir uns nicht näherungsweise vorstellen können, wie hilfreich eine heitere, glückliche und hoffnungsvolle« – und so möchte ich ergänzen lustvolle – »Grundstimmung des Psychotherapeuten für den Patienten ist – und zwar jenseits aller Kompetenz [...].« (Heisterkamp 2011, S. 272)

Lass dich inspirieren

Nach C.G. Jung ist Kreativität ein Instinkt und nicht etwas, das nur wenigen Auserwählten mitgegeben ist. Für uns ist es wichtig in unserem Leben, in unserem Alltag, Gelegenheiten zu haben, kreativ zu sein. Ansonsten wird diese kreative Seite in uns unterdrückt und frustriert (Moore 2008, S. 2). Ich gönne mir etwas, wenn ich mich immer wieder durch etwas inspirieren lasse. Das lateinische Wort *inspirare* bedeutet Einatmen. Um an Leib und Seele lebendig zu bleiben, muss ich ein- und ausatmen. Um in meiner Arbeit kreativ, lebendig zu bleiben, muss ich ein- und ausatmen. Ich muss Neues einatmen, Altes, Verbrauchtes, ausatmen. Ich muss mich zwischendurch auch immer wieder einmal mit etwas ganz Anderem befassen – Kunst, Lyrik, einen Roman, einen Krimi lesen, natürlich auch immer wieder C.G. Jung und andere Fachliteratur lesen, aber auch einmal der Gesprächstherapie oder Verhaltenstherapie meine Aufmerksamkeit schenken, den Wirtschaftsteil in der Zeitung lesen, ins Kino gehen, ein Theater besuchen, ein Konzert besuchen.

Als Schriftsteller lebe ich von der Inspiration. Sie ist Nahrung für meine Fantasien, meine Schaffen, stachelt mich an, ja feuert mich an, erzeugt Lust und Freude. Mich faszinieren Menschen wie Rollo May oder Irvin D. Yalom, der Verfasser von *Und Nietzsche weinte* und *Die rote Couch*, die sprachliche Fähigkeiten besitzen, die es ihnen ermöglichen, ihre therapeutischen Erfahrungen schriftstellerisch zu verarbeiten, und die damit neben ihrer therapeutischen Kompetenz eine weitere wichtige Seite in sich verwirklichen können und sich damit etwas Gutes tun. Wie das ja auch auf den jetzigen Papst zutrifft, der, was ganz außergewöhnlich ist, auch als Papst und schon als Präfekt der Glaubenskongregation Bücher schreibt, weil da sein Herz und Eros leben und weil ihm viel an Lebensfreude verwehrt bliebe, würde er es nicht tun.

Wovon lassen wir uns bei unserer Arbeit inspirieren? Von Saturn oder von Venus? Saturn, eine Figur aus der römischen Mythologie, die auch in der Alchemie und Astrologie eine Rolle spielte, wird oft als ein alter Mann dargestellt, der seinen Kopf in seinen Händen trägt. Er scheffelt Geld und ist mit Geometrie und abstrakten Strukturen beschäftigt. Er könnte für den Geist stehen, den wir oft in der Philosophie und der Theologie entdecken. Das Metall, mit dem er arbeitet, ist Blei, sein Wesen schwer. Er liebt Regeln, Bestimmungen und Hierarchien (Moore 2008, S. 115). In der Venus der Renaissance begegnet uns eine Gestalt, die Schönheit, Anmut, Vergnügen und Lust verkörpert. Sie steht für das süße Leben. Denken wir an Botticellis berühmtes Gemälde *Primavera*, auf der Venus über den drei Grazien thront.

Hier ginge es nun darum zu schauen, wo ich in meiner Arbeit etwas von dem Venushaften einbringen kann, wo ich meine Arbeit so sehen und gestalten kann, dass ich sie nicht nur als Pflicht und Mühe betrachte und erlebe, sondern in ihr und durch sie Freude, ja Lust erfahre und auch: die Aufregung und Begeisterung, die sich einstellen, wenn ich vielleicht mit anderen zusammen ein Projekt angehe, an das ich glaube; die Hingabe, mit der ich mich als Sozialarbeiter oder Seelsorgerin für Menschen, die meiner Hilfe bedürfen, einsetze; die Freude und Dankbarkeit, die mich überkommen, wenn ich als Therapeut, als Therapeutin wahrnehme, wie das Leben der Menschen, die ich begleite, wieder zu fließen beginnt.

Oft ist es schon viel, wenn ich Saturn und Venus in meiner Arbeit miteinander verbinden kann, wenn die Pflicht, die Routine, der Schweiß dann mit Momenten einhergehen, in denen ich einfach Glück empfinde, einen Arbeitsplatz zu haben, eine tiefe Zufriedenheit darüber, gerade diese Arbeit tun zu dürfen, wenn ich einfach davon erfüllt bin, der ehrenwerten Gilde der Heiler anzugehören, Teil einer Tradition zu sein, die sich nicht nur auf unsere unmittelbaren Vorgänger zurückführen lässt, angefangen von Freud und Jung und allen ihren Vorgängern wie Nietzsche, Schopenhauer, Kierkegaard, sondern auch Jesus, Buddha, Platon, Sokrates, Hippokrates, die sich dem Dienst an Menschen in Verzweiflung verschrieben haben (Yalom 2009, S. 258f.).

So haben wir das Privileg unsere Arbeit als einen Dienst zu erleben, bei dem wir unsere persönlichen Wünsche, so Irvin D. Yalom, transzendieren und unseren Blick auf die Bedürfnisse und das Wachstum anderer lenken. Wir können uns daran erfreuen, so Yalom weiter, wie der positive Einfluss, der sich von unseren Klientinnen und Klienten dank unserer Begleitung auf andere ausdehnt, in deren Leben sie eine Rolle spielt. Wir dürfen wie kaum eine andere Berufsgruppe an vielen Geheimnissen im Leben anderer Menschen teilhaben. Wir dürfen unsere Klientinnen und Klienten durch ihr eigenes Haus führen und dabei zuschauen – und ist das nicht etwas, das uns zutiefst beglücken kann? –, wie sich Türen öffnen und Räume erschließen, die sie bisher noch nie betreten haben. Wir dürfen die ungeschützte Wirklichkeit vieler Menschen kennenlernen, Wirklichkeiten, die uns zuweilen sehr zu Herzen gehen, betroffen machen, dann wieder uns neu dankbar sein lassen für all das Segensreiche, das wir in unserem eigenen Leben erfahren. Yalom erzählt davon, wie er manchmal noch voll mit solchen Erfahrungen zu seiner Frau nach Hause kommt und sie liebevoll umarmt, erfüllt von Dankbarkeit für das Geschenk ihrer Beziehung und seines Lebens.

Wir dürfen teilhaben an den Geheimnissen der Menschen im Wissen, dass alle treffen kann, was den Einzelnen trifft, uns selbst eingeschlossen: Schuldgefühle zu haben über vollbrachte Taten, Scham über nicht Getanes und nicht Gelebtes zu empfinden; Sehnsucht nach Liebe und Sorge zu spüren; tiefe Verwundungen, Unsicherheiten und Furcht zu erleiden. All das bringt uns den Menschen näher, macht uns gütiger, lässt uns – hoffentlich – bereiter sein, uns selbst mehr anzunehmen (Yalom 2009, S. 289). Es ist eine Haltung, wie wir sie von der Liebende-Güte-Meditation aus dem Buddhismus her kennen, eine traditionelle Meditationsform, die hilft, eine Haltung von emotionaler Positivität und echtem Wohlwollen sich selbst und anderen gegenüber zu entwickeln.

Heiliger Grund

Das Folgende ist für mich mit am wichtigsten, auch weil ich damit die für mich entscheidenden Erfahrungen gemacht habe, wenn es darum geht, mich mir selbst zu gönnen. Es ist die Erfahrung: In mir gibt es einen heiligen Raum, in den ich eintreten kann, eine Tiefe, in die ich hinabsteigen kann, eine kleine romanische Kirche – so in einem meiner Träume –, in die ich hineingehen kann.

Ich tue mir etwas Gutes, ich gönne mich mir selbst, wenn ich in Beziehung bin mit meiner Tiefe, wenn ich immer wieder aus meiner Tiefe heraus lebe, aus meinem Selbst. Aus dem »Gönne dich dir selbst« wird dann ein »Gönne dir dein Selbst«. Gönne dir die Gelassenheit, die Ruhe, die leise Freude, die ozeanische Ekstase, die sich einstellt, einstellen kann, wenn du in Berührung bist mit deinem Selbst, wenn du dabei die Erfahrung machen darfst, wie C. G. Jung in seinen »Erinnerungen« schreibt, jetzt schon an das Grenzenlose angeschlossen zu sein.

Um aber diese Erfahrung machen zu können, bedarf es meiner Tiefe als Resonanzboden – einer Tiefe, mit der ich in Berührung sein muss, will ich sie als diesen Resonanzboden für die Erfahrung nutzen können, jetzt schon, mitten in meinem Leben, an das Grenzenlose angeschlossen zu sein. So gilt es, immer wieder mit meinem tieferen inneren Selbst Kontakt aufzunehmen, sozusagen in das Reich der Ewigkeit einzutreten. Sehr eindrucksvoll beschreibt Teilhard de Chardin diesen Vorgang (2000, S. 71f.):

>»So habe ich also, vielleicht zum ersten Mal in meinem Leben (ich, der alle Tage meditieren wollte!), die Lampe genommen, und so bin ich, den anscheinend hellen Bereich meiner alltäglichen Beschäftigungen und Beziehungen verlassend, in das Innerste meiner selbst hinabgestiegen, in den tiefen Abgrund, aus dem, das spüre ich verworren, mein Handlungsvermögen hervorgeht. Doch in dem Maße, wie ich mich von den konventionellen Evidenzen entfernte, die das soziale Leben oberflächlich erhellen, wurde ich mir darüber klar, dass ich mir selbst entglitt. Mit

jeder hinabgestiegenen Stufe zeigte sich in mir eine andere Gestalt, deren genauen Namen ich nicht nennen konnte und die mir nicht mehr gehorchte. Und als ich meine Forschung einstellen musste, weil der Weg unter meinen Schritten fehlte, lag zu meinen Füßen ein bodenloser Abgrund, aus dem, ich weiß nicht woher kommend, der Strom heraufkam, den ich wirklich mein Leben nennen wage.«

Wenn ich eintauche in meinen Grund und dabei bereit bin, »in das Schweigen der Transzendenz hineinzulauschen« und die Anwesenheit »der Transzendenz in ihrer Tiefe zu erleben« (Pauleikhoff 1995, S. 101), komme ich mit der Welt des Ewigen in Berührung. Ich tauche dann ein in meine Tiefenschichten. Mein Bewusstsein wird bereichert um das Unbewusste. Beide durchdringen sich und öffnen die Tür, die mich in das Land führt, das jenseits von Bewusstsein und Unbewusstsein existiert – das Land der Ewigkeit. Gehalten vom Jetzt umfängt mich die Ewigkeit. Ich mache die Erfahrung, Teil eines Größeren zu sein, mit etwas verbunden und verwoben zu sein, das über die Erfahrung des Jetzt hinausgeht. Ich vernehme dann eine Melodie, die von einer anderen Welt zu mir herübertönt. Ich höre das Rauschen des immer fließenden Flusses der Ewigkeit. Ich darf jetzt schon eine Vorahnung des Ewigen kosten.

Meditation und Kontemplation stellen vorzügliche Weisen dar, mit der Welt des Grenzenlosen, des Ewigen in Berührung zu kommen. Im schweigenden Sitzen können wir, so Niklaus Brantschen, »so etwas wie Zeitlosigkeit in der Zeit erfahren [...], einen Hauch von Ewigkeit« (Brantschen 2003, S. 44). Auch die Feier der Eucharistie oder des Abendmahls, Beten, das aus der Tiefe kommt und in die Tiefe führt, können dazu beitragen, die Verbundenheit mit dem Ewigen vergegenwärtigend erfahrbarer zu machen. Das englische Wort für beten, *to pray,* kann auch mit *to rest,* also ausruhen, übersetzt werden. Manchmal, so Ronald Rolheiser, »werden andere Worte statt des Wortes Gebet gebraucht: Meditation, Kontemplation, Innere Arbeit, Seelenarbeit, Aktive Imagination, Kontakt mit unserem inneren König, unserer inneren Königin oder Ähnliches.

Die Idee ist dieselbe: Wir müssen einen bewussten Dialog mit dem führen, das oder den wir uns als das letztgültige Etwas oder Jemand vorstellen, innerhalb dessen wir ›leben und uns bewegen und atmen und sind‹ (vgl. Apostelgeschichte 17,28)« (Rolheiser 2002, S. 212).

Die Erfahrung zu machen, Teil eines Größeren zu sein, lässt uns inmitten unseres existenziellen Alleinseins ein Gefühl von Aufgehobensein spüren. Diese Erfahrung schenkt uns Gelassenheit, lässt uns ruhig werden. Wir wissen uns verbunden mit etwas, das größer ist als wir, machen die Erfahrung, jetzt schon, mitten in unserem Leben, an das Grenzenlose angeschlossen zu sein. Wollen wir das erfahren, gilt zu beherzigen, was der Theologe Romano Guardini uns ans Herz legt: »Unser ganzes Leben sollte der Ewigkeit Nachbar sein. Immer sollte in uns die Stille sein, die nach der Ewigkeit hin offen steht und horcht.«

Von hier aus ist es für den, der an eine größere Macht, an Gott, glaubt, kein großer Schritt, in diesem Größeren jene Kraft, jene Mächte zu erkennen, zu denen Dietrich Bonhoeffer aus der Erfahrung der Verbundenheit mit DEM Grenzenlosen inmitten einer aussichtslos erscheinenden Situation sprechen, beten kann: »Von guten Mächten wunderbar geborgen, erwarten wir getrost, was kommen mag. Gott ist mit uns am Abend und am Morgen, und ganz gewiss an jedem neuen Tag.«

Umarme das gute Leben

Ich kann versuchen, bei meinem Bemühen, gut mit mir umzugehen, ein Verhalten, das mir, meiner Seele, nicht gut tut, zu vermeiden: also nicht zu rauchen, nicht zu viel zu essen, mich nicht zu verausgaben usw. Oder ich kann das, was mir gut tut, umarmen, mich darauf zubewegen. Ich will das erreichen, das pflegen, was mir gut tut: ausreichend schlafen, mich genug bewegen, kulturellen Aktivitäten nachgehen, mich gesund ernähren, einen guten Job machen, mein Leben durch spirituelle Praktiken vertiefen.

Ich überlasse mich damit einer Kraft, die mich nach vorne gehen lässt, manchmal auch aus dem Sumpf zieht, in dem ich gerade bin. Ich schaue aus nach etwas, das ich erreichen will, weil ich es für sinnvoll, für erstrebenswert erachte, weil es dazu führt, so meine Überzeugung und Hoffnung, dass ich mich wohl, wohler fühle. Diese Kraft, die mich auf mein Ziel zugehen lässt, wird gespeist von meiner Seele, wenn und solange sie hinter meinem Vorhaben steht, mitunter sein Initiator ist. Ich will, dass es mir gut geht. Ich will, dass mein Leben einen Sinn macht. Ich will nicht länger Gefangener eines Verhaltens sein, eines Lebensstils, der mich krank macht, der vereitelt, dass ich ein gutes, ein schönes, ein zufriedenes Leben führe.

In mir werden dadurch jene Kräfte geweckt, die das *bonum*, das Gute, die *bona vita*, das gute Leben, umarmen – Kräfte, die davon beseelt sind, das Gute, das, was mir und damit auch den anderen gut tut, anzustreben und zu verwirklichen. Es ist eine Kraft, die um das Böse weiß, aber an das Gute glaubt – eine Erkenntnis der Dogmatik, die uns lehrt, um den Teufel zu wissen, mit ihm zu rechnen, aber an Gott zu glauben. An etwas zu glauben, von etwas überzeugt zu sein, dahinter steckt eine ungeheure Kraft. Es ist eine konstruktive Kraft, die etwas bewirken kann. Um etwa den Kölner Dom zu bauen, war mehr als nur eine Meinung notwendig. Es bedurfte dazu einer Überzeugung, meint Heinrich Heine. Das lateinische Wort für glauben, *credere*, setzt sich aus den lateinischen Begriffen *cor*, was für »Herz« steht, und *dare*, was mit »geben« übersetzt werden kann, zusammen. Wenn ich etwas glaube, gebe ich mein Herz.

Darum geht es: mein Herz zu geben. »Denn wo dein Schatz ist, da ist auch dein Herz«, heißt es in Matthäus 6,21. Es gilt, das zu beherzigen, was mir gut tut, was Freude, Energie, Lust, Zufriedenheit, Sinn in mein Leben bringt, was mich neu aufatmen lässt, dankbar sein lässt, mich mit einem Gefühl von innerer Freiheit beschenkt und Lust am Leben erfahren lässt.

Für mich hat das auch ganz viel mit Hingabe zu tun, *dedicatio*. Auch hier ist es eine Bewegung, die nach vorne geht, mit offener

Haltung, mit ausgebreiteten Armen. Nicht ängstlich vermeidend, ständig auf der Hut seiend, mich zurückziehend. In dieser offenen Haltung der Hingabe kann ich mich einschwingen in den Tanz des Lebens, mich dem Rhythmus des Lebens überlassen – in den Tanz des Lebens, der in den kosmischen Tanz übergehen kann, bei dem ich mich geführt weiß von dem Großen Tänzer. Seiner Führung überlasse ich mich einfach, weil ich weiß, dass er mir wohl will – was auch immer geschehen mag.

Also, beherzige, was Bernhard von Claivaux an Papst Eugen schrieb:

>»Gönne dich dir selbst. Ich sage nicht: tu das immer, ich sage nicht, tu das oft, aber ich sage: Tu es immer wieder einmal. Sei wie für alle anderen auch für dich selbst da, oder sei es jedenfalls nach allen anderen.«

Literatur

Bernhard von Clairvaux (1985): Was ein Papst erwägen muss. Übers. von Hans Urs von Balthasar. Johannes-Verlag, Einsiedeln.

Brantschen, Niklaus (2003): Auf dem Weg des Zen. Als Christ Buddhist. 2. Aufl. Kösel, München.

Fromm, E. (1972): Die Kunst des Liebens. Ullstein, Frankfurt am Main.

Grün, A, (1995): Gut mit sich selbst umgehen. Grünewald, Mainz.

Heisterkamp, G. (2011): Freuden des Psychotherapeutenberufes. In: Psychotherapeutenjournal, 10. Jg. 3/2011, S. 268–273.

Heschel, A. (2005): The Sabbath. Farrar, Straus and Giroux, New York.

Jung, C.G. (1971): Zur Psychologie westlicher und östlicher Religion. GW 11. Hg. von M. Niehus-Jung, L. Hurwitz-Eisner, F. Riklin et al. Walter, Olten.

Moore, T. (2008): A Life at Work. The Joy of Discovering what you were born to be. Broadway Books, New York.

Muller, W. (1999): Sabbath. Finding Rest, Renewal, and Delight in Our Busy Times. Bantam, New York.

Müller, W. (2011): Du sollst Leib und Seele ehren. Für eine heilsame Spiritualität. Kösel, München.

Pauleikhoff, B. (1995): Um die Zeit und Ewigkeit besorgt. Pressler, Hürtgenwald.

Ratzinger, J. (1982): Theologische Prinzipienlehre. Wewel, München.

Rohlheiser, R. (2002): Entdecke den Himmel in dir. Eine Spiritualität für das 21. Jahrhundert. Don Bosco, München.

Teilhard de Chardin, P. (2000): Das göttliche Milieu. Der Entwurf des inneren Lebens. Benziger, Düsseldorf.

Thoreau, H. D. (1979): Walden oder das Leben in den Wäldern. Diogenes, Zürich.

Whitehead, J. / Whitehead, E. E. (2009): Holy Eros. Pathways to a Passionate God. Orbis Books, New York.

Yalom, I. D. (2009): The gift of Therapy. An Open Letter to a New Generation of Therapists and Their Clients. Harper, New York.

Zurhorst, E.-M. (2010): Liebe dich selbst und es ist egal, wen du heiratest. Goldmann, München.

Thomas Jorberg

Geld als Gestaltungsmittel der Gesellschaft – zwischen Gier und Selbstlosigkeit[1]

Sehr geehrte Damen und Herren, sehr geehrter Herr Abilgaard, vielen Dank für Ihre Einleitung.

In der Tat, als Banker ist man heute froh, wenn man ein paar solcher Einleitungsworte bekommt. Meinen Respekt, dass Sie hier einen Banker eingeladen haben! Es gibt ja eine Umfrage, in der das Prestige bzw. die Wertschätzung von verschiedenen Berufen abgefragt wurde – es ist eine Liste von ca. achtzehn Berufen oder auch mehr. Die Bürgerinnen und Bürger sollten angeben, welche fünf Berufe sie am meisten wertschätzen. Da steht dann an erster Stelle der Arzt und an letzter bzw. vorletzter Stelle der Banker, und damit sich auch keiner Illusionen machen kann, steht daneben noch: Bankangestellter. Vor etwas über einer Woche hat das Handelsblatt, das üblicherweise ja nicht ganz so große Überschriften macht wie andere Zeitungen oder bestimmte Zeitungen, eine riesige Überschrift und ein einziges Titelbild gedruckt: »Volksfeind Banker«, dazu den Untertitel: »Keine andere Berufsgruppe wird so angefeindet wie die Geldexperten.« Sie gelten bei vielen als geldgierig und gemeingefährlich.

In der Tat hat diese Occupy-Bewegung, die ja mit Occupy Wall Street begann, in der Zwischenzeit in der ganzen Welt einen großen Widerhall in der Bevölkerung gefunden: 80 % schließen sich im Grunde dieser Bewegung an. Ich war neulich in Berlin, da war auf einer Demonstration ein großes Schild mit der Aufschrift »Geld oder Leben«, und darunter stand noch: »Geld für Spekulanten oder Geld für Leben von Umwelt und Mensch?« Vor gar nicht langer Zeit, als ich meine Lehre gemacht habe, hieß es noch: »Wenn du

145

etwas ganz Solides im kaufmännischen Bereich machen möchtest, werde Banker. Eine Banklehre ist eine der besten Voraussetzungen, die man überhaupt haben kann.« Der Banker stand in der Wertschätzung zwar immer unterhalb des Arztes, aber war doch ganz oben auf der Liste. Was ist passiert? Was ist der Hintergrund dafür, dass diejenigen, die beruflich mit Geld umgehen, einen so dramatischen Wertschätzungsverfall erlitten haben? Was ist Geld überhaupt? Wenn Sie vor der GLS Bank in Bochum stehen, sehen Sie dort ein Transparent mit einigen Zitaten zur Frage, was Geld mit uns macht, die ich Ihnen mitgebracht habe:

»Das Geld, das man besitzt, ist das Mittel zur Freiheit, dasjenige dem man nachjagt, das Mittel zur Knechtschaft.« (Jean-Jacques Rousseau)

»Geld ist wie Sprache, ein Instrument der Kommunikation.« (Hirsch)

Das Geld gleicht dem Seewasser. Je mehr davon getrunken wird, desto durstiger wird man« (Schopenhauer)

»Geld ist wie Dung. Man muss es streuen, sonst stinkt es.«

»Geld drückt die Willensintentionen der Beteiligten aus«, hat Wilhelm-Ernst Barkhoff gesagt, der Gründer unserer Bank.

»Es ist eigenartig, wie das Geld sowohl Charaktere als auch ganze Verhältnisse zu verschleiern vermag.« (Guggenheim)

»Mach Geld zu deinem Gott und es wird dich plagen wie der Teufel.« (Fielding)

Und einer, der es wissen musste, hat gesagt: »Ein reicher Mann ist oft nur ein armer Mann mit sehr viel Geld.«

Was ist dieses Geld, das so unterschiedliche Emotionen hervorruft, so unterschiedliche Handlungen bewirkt, so unterschiedliche Ideale ermöglicht? Wenn man die Geschichte des Geldes durchgeht – wozu ich allerdings etwas mehr Zeit bräuchte, die ich hier nicht habe –, dann kann man eine ganze Reihe von Antworten finden, die widerspiegeln: Der Ausgangspunkt war die Tauschwirtschaft: Ware gegen Ware.

Der erste Schritt zum Geld war, dass man eine Ware – z. B. Weizen – als Tauschmittel genommen hat, sozusagen als Zwischentauschmittel, dann ein Metall – Gold – als Tauschmittel bzw. Geld, dann Geld mit Golddeckung, Geld ohne Golddeckung, bis hin zur heutigen Situation, dass wir eigentlich gar kein Geld mehr brauchen, keinen physischen Ausdruck für Geld, sondern mit einer Geldkarte von zu Hause weggehen können, ohne etwas mitzunehmen, und damit durch die ganze Welt reisen können. Geld ist eine geniale Erfindung, eine der genialsten Erfindungen, die die Menschheit gemacht hat. Und es ist in der Tat ein Mittel zur Freiheit, kann dieses Potential zumindest haben, und es ist letztendlich nur ein Organisationsmittel, es ist kein Wert an sich, und damit ist es auch ein Mittel, unsere Gesellschaft zu gestalten.

»Geld«, so sagt der Volksmund, »ist weder bös' noch gut. Es hängt davon ab, wie man es gebrauchen tut.« Im Geld selbst kann man also nicht finden, was sich da negativ entwickelt hat.

Schauen wir daher einmal auf die Banken: Was ist eigentlich die Aufgabe einer Bank? Kein Geringerer, man höre und staune, als Josef Ackermann hat gesagt: »Die genuine Aufgabe einer jeden Bank ist es, Diener der Realwirtschaft zu sein.« Das Erste, was da auffällt: Warum eigentlich Realwirtschaft? Wieso müssen wir eigentlich heute den Begriff der Realwirtschaft prägen, der an sich ja schon unsinnig genug ist: Wenn, dann müssten wir das Gegenbild anschauen und uns fragen: »Ist denn das andere irreal?« Ja, das ist es.

Aber es ist tatsächlich so: Nichts weniger als Diener der Realwirtschaft zu sein ist Bankaufgabe. Es ist eine Hilfsfunktion. Die Bank hat nur eine Aufgabe: Sorge dafür zu tragen, dass die Gesellschaft – Sie alle als Privatpersonen, als Unternehmen, der Staat, Einrichtungen, die Kultur – mit Geld ver- und entsorgt wird. Das ist Aufgabe einer Bank: dass Geld tatsächlich dort hinkommt, wo es gebraucht wird, sei es als Kredit, sei es als Beteiligungen, als Investmentbanking – im Grunde eine hoch sinnvolle Angelegenheit – oder sei es auch als Stiftungs-, Schenkungs- oder Steuermittel. Also auch von der ureigentlichen Aufgabe her kann man das Problem nicht wirklich packen.

Die Frage ist: Wie gehen wir tatsächlich damit um, was ist die Entscheidungsmatrix, die wir haben, wenn wir mit Geld umgehen? Sagen wir einmal, Sie kommen in eine Bank Ihres Vertrauens, sitzen bei der Beraterin oder dem Berater, und sie oder er bietet Ihnen – nach einem ausführlichen Vorgespräch – eine Geldanlage an und sagt: »Risiko und Laufzeit sind vergleichbar, bei dem einen Angebot ist der Zinssatz 2% und beim anderen 4%.« Wie entscheiden Sie sich? Bzw. wie entscheiden sich alle anderen? Im Grunde ist das eine ziemlich blöde Frage, denn in Wirklichkeit wird gar keine Entscheidung getroffen. Es ist völlig klar: Es wird dort angelegt, wo es 4% und nicht dort, wo es 2% gibt. Und das ist nicht wirklich eine Entscheidung, sondern ein Funktionieren in einem System. Diesen Entscheidungen liegen keine wirkliche Urteilskriterien zu Grunde, außer einer vorgegebenen, mehr oder weniger abstrahierten Risikoauswahl und einer bestimmten Laufzeit. Es ist aber nicht wirklich eine Entscheidung, die vom Einzelnen unter Abwägung von Urteilsgrundlagen gefällt wird. Die Frage, wie das Geld wirkt, wo das Geld wirkt, ob dem soziale, ökologische, menschliche oder sonstige Faktoren zugrunde liegen, kommt da nicht vor, und das gilt nicht nur für die paar durchgeknallten Investmentbanker mit ihren hohen Boni, sondern das ist die allgemein-gesellschaftlich akzeptierte Verhaltensweise. Dieses System im Finanzmarkt nenne ich systemisch organisierte Verantwortungslosigkeit.

Insofern kann man sich auch die Frage stellen, ob es tatsächlich so ist, wie es ja oft den Anschein hat, dass wir eigentlich doch ein sehr vernünftiges System und vernünftige Rahmenbedingungen haben und es da eben ein paar wirklich Durchgeknallte gibt, die ihre Möglichkeiten als Banker total missbrauchen und dem Volk als Volksfeind schaden. Doch wenn man da einmal genau hinschaut: Was machen die? Die haben diese allgemein-gesellschaftlich akzeptierte Verhaltensweise perfektioniert. Die machen das viel besser als alle anderen, die optimieren den eigenen Gewinn nicht unter Hintanstellung, sondern unter Ausgrenzung jeglicher Verantwortung für die Menschen, die Volkswirtschaft, das Soziale und das Ökologische.

Natürlich habe ich jetzt kein großes Mitleid und möchte denen nicht zur Seite stehen, aber letztlich haben wir es mit einer gesellschaftlich akzeptierten Verhaltensweise zu tun, die einige wenige perfektioniert haben, und insofern muss man sagen, dass in diesem System auch die Frage von Neid und Gönnen eine Rolle spielt. Das Problem liegt aber, wie ich meine, in der Tat im System, d. h. im Verhalten, das wir alle akzeptieren, wobei natürlich diejenigen, die in den Banken so handeln, die Verantwortung dafür tragen, denn sie könnten die Auswirkung ihres Handelns sehr gut überschauen und sich auch anders verhalten. Sie sind in keinster Weise entschuldigt, und dennoch: Es ist eine gesellschaftlich akzeptierte Verhaltensweise, die wir hier haben. Aber kann man damit dieser genuinen Aufgabe einer Bank, der Finanzwirtschaft nachkommen? Und müssen wir noch schauen, wie sich diese Verhaltensweise entwickelt hat – in einem gar nicht so langen Zeitraum?

Nehmen wir zum Beispiel einmal diese Immobiliengeschäfte, die vor fünf bis zehn Jahren noch sehr aktuell waren: den Kauf von großen Wohnbeständen entweder der Öffentlichen Hand, der Kommunen, der Länder oder von Unternehmen. Gerade in den 60er und 70er Jahren wurden große Wohnbestände auch von Unternehmen, vor allem im Ruhrgebiet, gebaut, um den Mitarbeitern und Mitarbeiterinnen Wohnmöglichkeiten zu verschaffen. Dazu brauchte man Geld, das man sich von den Banken geliehen hat, um damit diese Wohnbestände aufzubauen, so auch die LEG und andere. Nach einigen Jahren, die Wohnbestände sind längst abgeschrieben und also kaum mehr etwas wert, sind Investoren gekommen und haben gesagt: »Wir würden die gerne kaufen« – zu Kaufpreisen, die eigentlich unvorstellbar waren, so dass sich ganze Städte, die hoch verschuldet waren, durch den Verkauf von Wohnbeständen vollkommen entschulden konnten. Das waren Investoren, die händeringend nach einer rentablen Anlage suchten, und in diesem Moment hat sich alles umgedreht: Sie hatten gekauft, und die Mieten, die die Bewohner bezahlen, sind dafür da, eine möglichst hohe Rendite bei dem Investor ankommen zu lassen.

Dies ist der Umschlagpunkt, wie sich gut zeigen lässt: Zunächst ist da natürlich das Bedürfnis nach Wohnen. Dazu brauchte man Geld, das man finanziert hat, und jetzt dient plötzlich das Wohnen dem Finanzmarkt. Und das können Sie in einer ganzen Reihe von Bereichen, die eine verheerende Auswirkung haben, durchdeklinieren. Das ist im Wohnbereich nach wie vor der Fall: Diese Wohnbaugesellschaften können, weil sie so hohe Preise bezahlt haben und so hohe Renditen haben wollen, diese Wohnbestände nicht mehr instand halten. Das passiert im Moment global bei landwirtschaftlichen Flächen: Investoren, egal welcher Herkunft – aus Europa, aber auch aus anderen Ländern, insbesondere aus China –, sind weltweit unterwegs und kaufen landwirtschaftliche Flächen im Hinblick darauf, dass die Weltbevölkerung wächst, dass sich Ernährungsgewohnheiten ändern, dass wir zusätzliche Biomasse brauchen – also aus rein spekulativen Gründen, auf der Suche nach rentabler Geldanlage. Das Gleiche geschieht bei den Rohstoffen.

Man kann im Grunde genommen sagen, dass sich das, was laut Ackermann die genuine Aufgabe ist, auf den Kopf gestellt hat. Es dient nicht mehr der Finanzbereich der Realwirtschaft, sondern es gibt zumindest den Versuch, dies umzukehren. Und dies ist eben eine Verhaltensweise, die nicht nur im Bankbereich zu finden ist, sondern die unsere ganze Gesellschaft durchzieht, sofern es um die wirtschaftlichen Fragen geht. Der Zustand, den Guggenheim beschreibt, wenn er sagt: »Das Geld ist in der Lage, sowohl Charaktere als auch ganze Verhältnisse zu verschleiern«, ist also schon da.

Gehen wir einmal vom Finanzmarkt weg und stellen uns die Frage: Was ist denn die genuine Aufgabe unternehmerischer Tätigkeit? Was ist das sinnvolle Ziel der Wirtschaft? Und wenn man diese Frage stellt, kommt – selbst bei Jugendlichen, die noch nicht sehr viel Lebenserfahrung in diesem Bereich haben – wie aus der Pistole geschossen: »Gewinn maximieren« oder »Gewinne machen«. Wir haben also heute das Bild, dass unternehmerische Tätigkeit dafür da ist, Gewinne zu erzielen, Gewinne zu maximieren, höchstens noch Arbeitsplätze zu schaffen. Aus meiner Sicht ist weder das eine noch das andere wirklich ein sinnvolles Ziel unternehmerischer Tätigkeit, weder die alleinige Perspektive, Gewinne zu machen, noch die alleinige Perspektive, Arbeitsplätze zu schaffen, sondern beides ist eine Folge unternehmerischer Tätigkeit, die sich sinnvoller Weise nur immer darauf beziehen kann, die Bedürfnisse der Menschen zu decken. Das ist die einzige sinnvolle unternehmerische Tätigkeit: die Bedürfnisbefriedigung von Menschen. Zumindest kenne ich keine andere sinnvolle Aufgabe. Und Gewinn, den ich hier gar nicht verteufeln will, ist ein notwendiges, sinnvolles Ergebnis, wenn ich das Ganze unter ökonomischen Rahmenbedingungen gut mache, aber es ist niemals ein sinnvolles Ziel, auch Arbeitsplätze nicht. Arbeitsplätze sind eine Folge dessen, dass ich als Unternehmer die Bedürfnisse der Menschen erkannt habe und eine Leistung oder ein Produkt anbiete, das gebraucht wird. Und nun könnte man das bagatellisieren und sagen, dass dies ja immer zutrifft, denn wie sollte man etwas verkaufen, das nicht in irgendeiner Weise dem Bedürfnis der Menschen entspricht? Das stimmt sicherlich. Die Frage ist jedoch, *wie* wir die Bedürfnisse der Menschen befriedigen und welches Menschenbild dem Marketing, dem Wirtschaften zugrunde liegt. Es ist, als ob der Mensch ein rein reizgesteuertes, multipel-schizophrenes Bedarfswesen wäre, und ich kann Ihnen versichern, dass ich mir diesen Satz nicht erst für diese Tagung überlegt habe, sondern ich sage das jedes Mal, wenn ich darüber spreche.

Multiple Schizophrenie in unseren Bedürfnissen, so würde ich sagen, charakterisiert unsere Wirtschaft und natürlich den Bankbereich, insbesondere den Finanzbereich. Denn wenn ich in die Bank reinkomme, werde ich natürlich von Menschen als ganzer Mensch wahrgenommen, aber in Bezug auf die Dienstleistung, die erbracht wird, geht es nur noch darum, wie hoch die Gewinnerwartung ist, wird nur noch das Bedürfnis, möglichst hohen Zins zu bekommen, wahrgenommen und mehr oder weniger befriedigt. Manche wundern sich, dass sie bei dem Streben nach hohem Gewinn nachher gar nichts haben, aber das ist sozusagen Folge der eingegrenzten Wahrnehmung des Menschen: Wenn er in die Bank kommt, hat er nur ein Bedürfnis: einen möglichst hohen Gewinn oder Zins zu bekommen. Und wenn Sie ein Auto kaufen, zumindest, wenn Sie ein Mann sind, dann ist es eine Frage des möglichst potenten Images, es geht darum, möglichst schnell von 0 auf 100 zu kommen, es geht um die Bequemlichkeit im Auto, um das Klima innerhalb des Autos. Das Klima außerhalb des Autos ist in der Regel nicht relevant. Und am Samstag geht man dann gerne mit der Familie auf den Bauernhof. Es braucht gar kein Biohof zu sein, Hauptsache es gibt dann dort Kaffee und es sind Ziegen und Schweine draußen, ein paar Hühner da und möglichst die eine oder andere Kuh auf der Wiese zu sehen. Am Sonntag beschäftigt man sich mit geistig-kulturellen Fragen, um am Montag zu einem Discounter zu gehen und ein Schnitzel zu kaufen, das nie auf dem Hof, den ich am Samstag meinen Kindern gezeigt habe, landwirtschaftlich produziert werden konnte. Und es ist immer der gleiche Mensch, der diese unterschiedlichen Bedürfnisse hat, und wir sind nicht oder kaum noch in der Lage, sie vernetzt, ganzheitlich zu befriedigen, sondern wir haben sie so auseinandergenommen, dass im Verbraucher, im Bürger selbst ein Widerspruch entsteht. Unsere Analyse ist, dass dieser Widerspruch nicht länger auszuhalten ist. Umfragen zufolge sagen heute 7 bis 12 Millionen Bundesbürger, dass sie ihren Konsum, ihre Geldanlage nachhaltiger, sozialer, ökologischer ausrichten wollen. Wie auch immer sie das machen wollen, aber darin drückt sich für mich das Bedürfnis nach Ganzheitlichkeit aus. Diese Schizophrenie in der Bedürfnisbefriedigung ist absolut an ihre Grenze gekommen, ist für viele nicht mehr aushaltbar, und deshalb suchen sie Alternativen in der Ernährung, im Energiebereich, in der Mobilität und auch im Bankbereich.

Im Bereich der regenerativen Energien wird ja immer gesagt, der Anteil der Förderung im erneuerbaren Energiegesetz, den ja alle bezahlen müssen, sei schon an der Zumutbarkeitsgrenze. Und trotzdem kaufen inzwischen 3 bis 4 Millionen Bundesbürger grünen Strom, von dem sie zu zumindest glauben, er sei teurer, ohne dass sich die Helligkeit oder die Wärme auch nur um einen Deut verändert. Da kann man sehen, dass schon eine relevante Größenordnung erreicht ist, dass Menschen unter dem Gesichtspunkt einkaufen, ganzheitlich ihre Bedürfnisse befriedigt zu bekommen und eben nicht nur, um Wärme und Licht zu haben, sondern beim Einkauf von Energie darauf achten, dass die Umwelt geschont wird, dass kein CO_2 emittiert wird, dass sie nicht noch mehr zum Klimawandel beitragen. Da ist eine Bewegung im Gang, und die Frage ist nun, was sich im Bankbereich verändern muss.

Was muss sich an der dargestellten Entscheidungsmatrix, an dieser systemisch organisierten Verantwortungslosigkeit ändern, damit Sie tatsächlich in der Bank eine verantwortbare Entscheidung treffen können? Was müssen Sie wissen, damit Sie im Umgang mit Ihrem Geld verantwortlich handeln können? Und ich meine, Sie müssen wissen, was mit dem Geld passiert. Sie müssen nachvollziehen können, was der Banker tatsächlich mit dem Geld macht. Denn wenn Sie es dort abliefern und die Verantwortung mit übergeben, ist ja die Frage, wo die Verantwortung bleibt? Sie ist nicht im System enthalten und niemand anders übernimmt sie, weshalb wir Rahmenbedingungen schaffen müssen, dass der Einzelne verantwortlich mit Geld umgehen kann. Und zwar nicht, weil es jetzt darum geht, völlig selbstlos zu handeln – wobei dies sowieso ein fragwürdiger Begriff der Selbstlosigkeit ist. Man sollte sich eher die Frage stellen: Kann man selbstloser sein, als wenn man voller Gier ist? Denn da bin ich nicht ich selbst. Diese Gegensätze sind eindrücklich, und in der Tat ist das Geld unglaublich widersprüchlich. Aber um genau das zu überwinden, muss ich wissen, was mit dem Geld passiert.

Das war 1974 der Impuls von Wilhelm-Ernst Barkhoff zur Gründung der GLS Bank. Barkhoff war Rechtsanwalt und Notar, der sehr stark engagiert war im sozialen Bereich: Er war Vorsitzender des Paritätischen Wohlfahrtsverbands, Vorstand in einer Waldorfschule und hat angefangen, zuerst im gemeinnützigen Bereich und dann im Bereich der ökologischen Landwirtschaft Finanzierungen zu machen, mit einer stiftungsähnlichen Einrichtung: der

GLS Treuhand. Dann gründete er 1974 die GLS Bank als Genossenschaftsbank.

Die GLS Bank hatte von Anfang an das Geschäftsprinzip »vollkommene Transparenz«. Wir veröffentlichen jeden vergebenen Kredit, bis auf Privatkredite, diese nur in Anzahl, Summe und Verwendungszweck, aber ansonsten finden Sie alle von uns vergebenen Kredite auf unserer Homepage oder in unserer Kundenzeitschrift »Bankspiegel«. Wenn Sie in der Zeitung lesen, dass irgendeine Anleihe oder eine Aktie in Schwierigkeiten geraten ist, können Sie auf der Homepage nachschauen, ob die GLS Bank darin investiert hat oder nicht. Dies ist eine Voraussetzung, die wir auf dem Finanzmarkt brauchen: Transparenz darüber, was mit dem Geld gemacht wird. Die GLS Bank tätigt die Geldanlagen unter sozialen und ökologischen Bedingungen. Und so sind wir im Kreditbereich vor allem im sozialen, kulturellen und Bildungsbereich, im Bereich der regenerativen Energien (30 % der Kredite gehen dorthin), im Biomarktbereich, im Bereich der neuen Mobilität, also insgesamt im Nachhaltigkeitsbereich.

Als wir uns vor zwei Jahren gefragt haben, was für eine Bezeichnung wir uns selbst als Nachhaltigkeitsbank geben würden, mussten wir uns der Herausforderung stellen, dass es heute kaum noch ein Unternehmen oder eine Bank gibt, die von sich nicht behaupten würde, sie sei nachhaltig. Aber wie ist Nachhaltigkeit eigentlich zu definieren? Ich glaube, das ist auch ein Punkt, an dem wir sehr aufmerksam sein müssen. Selbst wenn man den Dreierbegriff »People – Planet – Profit« oder »sozial – ökologisch – ökonomisch« nimmt, stellt sich dann immer noch die Frage, wie das jetzt gemeint ist. Berücksichtige ich das Soziale und das Ökologische bei der Gewinnmaximierung mit, weil sonst die Kollateralschäden zu hoch wären, oder halte ich das für gleichwertige Begriffe und gleichwertige Inhalte, die gleichwertig nebeneinander stehen: das Soziale, der Mensch, die Natur, die Umwelt, die Schöpfung und das Ökonomische? Und wirklich nachhaltig ist es erst dann, wenn es – wie jede unternehmerische, jede wirtschaftliche Tätigkeit – die Bedürfnisse des Menschen befriedigt, und zwar ganzheitlich, d. h.

unter der Berücksichtigung, dass Natur und Umwelt geschont und für die künftigen Generationen erhalten bleiben bzw. weiterentwickelt werden. Das Ganze ist dann unter ökonomischen Bedingungen zu machen. Aber Ökonomie ist nur ein Instrument wie das Geld auch. Ökonomie heißt nichts anderes, als ein Ziel mit den geringstmöglichen Mitteln oder mit den gegebenen Mitteln möglichst viel vom Ziel zu erreichen. Aber Ökonomie braucht immer ein Ziel außerhalb der Ökonomie, wenn sie tatsächlich sinnstiftend sein soll. Im Grunde genommen wird das alles, wie beim Geld auch, auf den Kopf gestellt, wenn wir Ökonomie als Selbstzweck betrachten, was völlig unsinnig ist und zerstörerische Dimensionen hat. Ökonomie ist dagegen höchst sinnvoll, wenn ich das Ziel außerhalb der Ökonomie suche.

Es stellt sich natürlich uns allen heute die Frage, ob wir diesen Umgang mit Geld, diesen Umgang mit Wirtschaft, der sich seit mehreren hundert Jahren in unser Denken und unsere Gewohnheiten eingeprägt hat, bei dem es scheinbar nur darauf ankommt, Gewinne zu machen, ob wir diesen Umgang tatsächlich ändern können. Gibt es hierfür eine realistische Grundlage? Ich glaube, es ist die Voraussetzung für die Lösung unserer sozialen und ökologischen Probleme, dass sich dieses Verständnis von Wirtschaft und Geld ändert. Ich glaube, dass es möglich ist, und ich bin schon eine Weile dabei, daran zu arbeiten, bei der GLS Bank. Wir haben 1988, nach Tschernobyl, die erste Windkraftanlage finanziert. Das war nach jahrelangen Protesten, als diese Protestbewegung sich dahingehend verändert hatte, dass man sagte: »Es reicht nicht, dagegen zu sein, dagegen zu protestieren, wir müssen etwas *tun*.« Und regenerative Energien galten 1988 sowohl bei den Ingenieuren als auch bei den Unternehmern und der Politik als eine nette Idee, aber es schien völlig illusorisch, dass diese jemals einen nennenswerten Anteil an der Erzeugung von Strom haben würden. Viele von Ihnen erinnern sich vielleicht noch an den GROWIAN, der damals kurz vor Tschernobyl buchstäblich zusammengekracht ist, und das war der Tod der Windenergie. Heute haben wir einen Anteil von 20 % an regenerativen Energien, und zumindest in der Bundesrepublik hat sich das Bild durchgesetzt, dass wir in zehn, zwanzig Jahren nur noch regenerative Energien haben werden. Hier ist eine große Veränderung zu verzeichnen: Etwas, das 1988 oder 1986 noch als völlig undenkbar galt, als völlig illusorisch erschien, ist heute, zumindest in Deutschland, zum einzigen Zukunftsbild für unsere Energieversorgung geworden.

Auf zwei Sachen kommt es dabei an, wie ich meine. Das eine ist zu zeigen, dass es tatsächlich Alternativen gibt, dass man etwas anders machen kann. Das andere ist, dass man ein Bild davon hat, wie es denn zukünftig anders werden soll. Das ist das, was auf dem Finanzmarkt noch völlig fehlt. Die ganze Diskussion, die wir im Augenblick haben, geht nur darum, wie man etwas vermeiden kann, welche Verbote es geben muss – was ich für richtig halte – aber es gibt kein einziges tragfähiges Bild, zumindest kenne ich keines, davon, wie denn der Bank- und Finanzmarkt in Zukunft aussehen soll, was das Zukunftsbild eines vernünftigen Umgangs mit Geld ist. Das ist es, was wir meiner Meinung nach brauchen, und darum ist auch die GLS Bank mit einem solchen Bild gegründet worden.

Wilhelm-Ernst Barkhoff hat einen Satz geprägt, den ich immer wieder gerne zitiere und der ein Leitmotiv ist. Er lautet: »Die Angst vor einer Zukunft, die wir fürchten, können wir nur überwinden durch Bilder einer Zukunft, die wir wollen.« Und darauf, so meine ich, kommt es an.

Anmerkung

1 Der vorliegende Text ist eine redigierte Transkription des auf der Tagung frei gesprochenen Vortrags.

WOLFGANG TEICHERT

Großzügigsein
Vom Zauber der Verschwendung

I. Einleitung

Erzählen von Großzügigsein, von Freigebigsein, von Generosität, gar von Verschwendung? Und das in Zeiten von knapper werdenden Ressourcen und dünner werdenden Geldbeuteln? Leichtsinnig! Wie sieht die Geste des Großzügigseins aus? Kenne ich einen großzügigen Menschen?

Meinen Großvater, einen Bauern in den Elbmarschen zum Beispiel. Er nahm mich mit aufs Feld. Pferd und Wagen. Und er ließ das Mähen von Getreide für einige Zeit ruhen, setzte sich, dieser Mann mit den vielen Lachfalten, unter einen Weidenbusch und erklärte mir den Mechanismus seiner Taschenuhr. Nein, reich war er nicht, Pachthof. Zu essen gab's, aber Geld? Es ist ja nicht nur eine Redensart, dass am freigebigsten die Ärmeren sind. Freigebig mit seiner Zeit. Verzicht auf effizientes Arbeiten – für mich eine Erfahrung von Großzügigsein.

Im Angesicht der täglichen Nachrichten, der Effizienzverschreibungen auf dem Euromarkt, der Demonstrationen zum Beispiel in Griechenland und weltweit vor den Banken kann man es sich also leisten – zumal als Theologe und hier in Lindau und zum Tagungsabschluss – zu fragen, ob nur diese Effizienz, Technik, Schnelligkeit und Innovation allein die Probleme lösen helfen. Unlängst fand ich bei einem Wirtschaftsfachmann den Satz: »Es gilt Effizienzverbissenheit zu hinterfragen und Verschwendung leichter zu nehmen (und bei der Gelegenheit die Geizhälse vom Hof zu jagen.)« Großzügigkeit sei die neue und »zentrale Komponente eines Lebens- und Wirtschaftsstils, der das rechte Maß kennt, ohne die

Maßlosigkeit zu verdammen.« (Luks 2010, S. 73) Als ich das las, war der Mut da, einige eher aphoristische Bemerkungen zu machen. Großzügigkeit hängt mit Überfluss zusammen – beim Großvater: an Zeit. Und mir fällt ein anderer verschwenderischer Überfluss ein, der der Natur; jüngst beim Birnenpflücken hinterm Deich: Pflücksack um und auf die Leiter gestiegen. Da hing Birne neben Birne, stand Bürgermeisterbirnbaum neben Williams, noch eine Birne und noch eine, und der Pflücksack wurde schwer und schwerer.

Ich verstand, wenn der französische Schriftsteller Georges Bataille (1897–1962) meint: Wir könnten solchen Überfluss der Natur kaum kontrollieren (Bataille 1975, S. 47). Für diese Form des Überflusses, die man auch Verschwendung nennen kann, kenne ich keine bessere Schilderung als Walter Benjamins *Frische Feigen*. Ich lese sie ganz. Es muss sein, finde ich.

Der hat noch niemals eine Speise erfahren, nie eine Speise durchgemacht, der immer Maß mit ihr hielt. So lernt man allenfalls den Genuss an ihr, nie aber die Gier nach ihr kennen, den Abweg von der ebenen Straße des Appetits, der in den Urwald des Fraßes führt. Im Fraße nämlich kommen die beiden zusammen: die Maßlosigkeit des Verlangens und die Gleichförmigkeit dessen, woran es sich stillt. Fressen, das meint vor allem Eines: mit Stumpf und Stiel. Kein Zweifel, dass es tiefer ins Vertilgte hineinlangt als der Genuss. So wenn man in die Mortadella hineinbeißt wie in ein Brot, in die Melone sich hineinwühlt wie in ein Kissen, Kaviar aus knisterndem Papier schleckt und über einer Kugel von Edamer Käse alles, was sonst auf Erden essbar ist, einfach vergisst. Wie ich das zum ersten Mal erfuhr? Es war vor einer der schwersten Entscheidungen. Ein Brief war einzuwerfen oder zu zerreißen. Seit zwei Tagen trug ich ihn bei mir, seit einigen Stunden aber, ohne daran zu denken. Denn mit der lärmenden Kleinbahn war ich durch die sonnenzerfressene Landschaft von Secondigliano hinaufgefahren. Feierlich lag das Dorf in der Alltagsstille. Einzige

Spur vom verrauschten Sonntag die Stangen, an denen leuchtende Räder geschwungen, Raketenkreuze sich entzündet hatten. Nun standen sie nackt da. Einige trugen auf halber Höhe ein Schild mit der Figur eines Heiligen aus Neapel oder der eines Tiers. Weiber saßen in den geöffneten Scheuern und klaubten Mais. Ich schlenderte betäubt meines Weges, da sah ich im Schatten einen Karren mit Feigen stehen. Es war Müßiggang, dass ich drauf zuging, Verschwendung, dass ich für wenige Soldi mir ein halbes Pfund geben ließ. Die Frau wog reichlich. Als aber die schwarzen, blauen, hellgrünen, violetten und braunen Früchte auf der Schale der Handwaage lagen, zeigte es sich, dass sie kein Papier zum Einschlagen hatte. Die Hausfrauen von Secondigliano bringen ihre Gefäße mit und auf Globetrotter war sie nicht eingerichtet. Ich aber schämte mich, die Früchte im Stich zu lassen. Und so ging ich, Feigen in den Hosentaschen und im Jackett, Feigen in beiden vor mich hingestreckten Händen, Feigen im Munde, von dannen. Ich konnte jetzt mit Essen nicht aufhören, musste versuchen, so schnell wie möglich der Masse von drallen Früchten, die mich befallen hatten, mich zu erwehren. Aber das war kein Essen mehr, eher ein Bad, so drang das harzige Aroma durch meine Sachen, so haftete es an meinen Händen, so schwängerte es die Luft, durch die ich meine Last vor mich hintrug. Und dann kam die Passhöhe des Geschmacks, auf der, wenn Überdruss und Ekel, die letzten Kehren, bezwungen sind, der Ausblick in eine ungeahnte Gaumenlandschaft sich öffnet: eine fade, schwellenlose, grünliche Flut der Gier, die von nichts mehr weiß als vom strähnigen, faserigen Wogen des offenen Fruchtfleisches, die restlose Verwandlung von Genuss in Gewohnheit, von Gewohnheit in Laster. Hass gegen diese Feigen stieg in mir auf, ich hatte es eilig aufzuräumen, frei zu werden, all dies Strotzende, Platzende von mir abzutun, ich aß, um es zu vernichten. Der Biss hatte seinen ältesten Willen wiedergefunden. Als ich die letzte Feige vom Grund meiner Tasche losriss, klebte an ihr der Brief. Sein Schicksal war besiegelt, auch er musste der großen Reini-

gung zum Opfer fallen; ich nahm ihn und zerriss ihn in tausend
Stücke. (Benjamin 1972, S. 374f.)

Ein Crescendo sozusagen. Essende Verschwendung. Aber sie
macht – unbeabsichtigt und ungeplant – den Autor fähig, eine
Entscheidung zu treffen, oder noch besser: Die Verschwendung der
Feigen bewirkt die Entscheidung, den Brief zu zerreißen, fast von
allein. Verschwendung gehört zum komplexen Ensemble der Bedeutungen der Großzügigkeit und Freigebigkeit.[1] Sie nämlich impliziert den unablässig neugeschaffenen Überfluss und eine Art
fröhliche Zerstörung, die wieder Platz für Neues schafft: in diesem
Fall der Verzicht darauf, den Brief abzuschicken

2. Szenen von Großzügigkeit

Um erzählend und erinnernd mich dem Großzügigsein zu nähern,
beginne ich mit einigen von mir hier in Lindau gehörten Formen
von Großzügigkeit und Generosität.

Im ersten Fall soll die Erinnerung zugleich eine Hommage sein
an die im vergangenen Jahr verstorbene, hier in Lindau immer wieder zu Gast seiende Hamburger Ärztin und Kinderpsychothera-
peutin Thea (Luise) Schönfelder. Sie erzählte in ihrem Vortrag »Lebensübergänge im Alter« von ihrem damals dreijährigen Enkelsohn
Marco, mit dem sie vor einer Bäckerei gestanden hat. »Er zeigte
beharrlich auf ein Rosinenbrötchen«, erzählte sie, »Weißmehl, zu-
ckersüß. Eingedenk des Hinweises meiner Tochter auf die Segnun-
gen der Vollwerternährung sagte ich: ›Wir wollen lieber Mama fragen, ob du das darfst.‹ Marco, ganz ruhig und fast begütigend:
›Ach Oma, ich bin noch so klein, und du bist schon so alt – da
brauchen wir Mama nicht zu fragen.‹« Sie schloss mit den Worten:
»Wir aßen verständnisinnig und beglückt unser Rosinenbrötchen.«
(Schönfelder 1995, S. 112)

Sie erzählt hier von Großzügigkeit als einer Art bundesgenos-
senschaftlicher Gemeinsamkeit zwischen Großmutter und Enkel.

160

Bei der Großmutter beleben sich sogar kindlicher Anteile wieder. Sie stecken, glaube ich, in jedem alten Menschen. Der Enkel macht zugleich – sogar selbst formuliert – die Erfahrung einer großzügigen, leicht anarchischen Ermutigung. Man darf mit Regeln spielerisch, auch eigensinnig, auf jeden Fall situativ angemessen umgehen. Das wird er nicht vergessen, auch wenn er wieder aus dieser großzügigen, wie Thea Schönfelder Reinhart Lempp zitiert, »Nebenrealität« (ebd.) in die mütterliche Alltagsrealität zurückkehrt.

Die zweite Reminiszenz zur Großzügigkeit betrifft zwei Bemerkungen von Ingrid Riedel, die ich hier zusammennehme, obwohl sie zu verschiedenen Zeiten vorgetragen wurden.

Ingrid Riedel erzählte in ihrem autobiographischen Vortrag über Nachkriegskinder, wie sie entsetzt mit ihrer Mutter vor ihrem zerbombten brennenden Wohnhaus gestanden hat. Die knappe Reaktion der Mutter: »Diese Sorge sind wir los.« (Riedel 1996, S. 229)

Wir haben damals hier in Lindau befreit gelacht. Der Satz »Diese Sorge sind wir los« enthält denn auch insofern eine Großzügigkeit, als er selbst in dieser furchtbaren Situation dazu angetan ist, einem großzügigen Freiheitsgefühl Ausdruck zu geben. Ein Schuss kräftiger Humor kommt hinzu. Vielleicht konnte Ingrid Riedel sich auch deshalb – eben aus dieser großzügigen Freiheit ihrer Mutter heraus – für den »Geschmack am guten Leben« erwärmen – ein Vortrag von vor zehn Jahren, der immer noch im Ohr ist. Sie erinnerte an Aristoteles: »Ethik« hatte der gesagt, »ist Nachdenken über gutes Leben.« (Riedel 1996, S. 229)

Aber, so Ingrid Riedel ergänzend: »Nachdenken« allein genüge nicht, es gehe vielmehr darum, den Geschmack am guten Leben auch wirklich zu spüren. Wofür hätten wir denn unsere fünf Sinne? Großzügig sind diese Bemerkungen, weil sie dazu ermutigen, unser Leben zu kosten, zu schmecken und zu riechen, zu ertasten und zu fühlen. Und das ist mehr, als es nur bewältigen zu müssen. Sich dem Leben zuzutrauen und daraus Zutrauen zu schöpfen: Geschmack am guten Leben als elementares Lebensinteresse, als die Empfindung von Freude, als Sinn für Schönheit und als die Fähigkeit, mit der eigenen Angst, auch der Todesangst, gelassen umzugehen. Und diese Angst war ja da vor dem zerbombten Haus. Großzügig leben, indem ich die inneren und äußeren überraschenden Erfahrungen und Widerfahrnisse des Lebens nicht überwinde, sondern mich ihnen stelle, auf sie einstelle und mit ihnen leben will. Das wäre eine Art großzügiger Resonanzfähigkeit und, wie im Falle der Mutter, versehen mit einem kräftigen Schuss Humor.

Eine dritte Haltung des Großzügigseins, von ihm sogar als »Wert der Werte« (Emrich 2001, S. 176) bezeichnet, hörten wir von Hinderk Emrich. Anerkennung nennt er diese Haltung. Anerkennung sei insofern ein großzügiges Unternehmen, als es bewusst in der Beziehung zum anderen darauf verzichtet, ihn sofort abzuwerten. Aberkennung mache leicht Menschen zum Fall und lasse sie sozusagen in bereitstehende Sortierkörbe fallen, der anerkennende Blick jedoch achte darauf, dass wir es im Gegenüber mit einem einmaligen, unverwechselbaren Wesen zu tun haben. Und dieser Blick verändere die Wahrnehmung von Menschen und Dingen. Er überziehe sozusagen Menschen und Dinge mit Milde oder Großzügigkeit, eine für ihn auch in der Therapie wichtige wertvolle Haltung.

Eine vierte Reminiszenz, von vielen hier bestens erinnert, ist der Hinweis auf die Großzügigkeit der Musik Johann Sebastian Bachs, durch Luise Reddemann ins Gespräch gebracht. Und als Therapeutikum: »Erst spät fand ich heraus«, sagte sie, »dass es ebenso wichtig und lehrreich sein kann zu untersuchen, welche Kraftquellen jemand hatte und hat, um schwierige oder sogar extrem belastende Erfahrungen zu überleben. Durch die Vertiefung in Bachs Lebensgeschichte und Werk haben sich meine Ansichten und damit in gewisser Weise auch mein Leben verändert.« (Reddemann 2006, S. 7f.) Bach habe selbst schwerste Traumatisierungen in Biographie und Lebensgeschichte großzügig in Musik und Hymne transformiert. Als Kraftquelle und als Adressaten wende er sich an den ganz anderen Adressaten, den er mit Gott anruft. Der nicht als Kirchenchrist verdächtige Philosoph Hans Blumenberg gesteht, er sei von der Großzügigkeit Bach'scher Musik erreicht und betroffen.

162

Sie gebe Zugang zu einer präverbalen Dimension, die nur schwer mit Worten einzuholen sei. »Darin ist die Passionsmusik Erbin des Rituals: Das Symbol kann großzügig sein. Niemand fragt in das Rezitativ des Evangelisten hinein, was denn genauer gemeint sei. [...] Es ist kein Angebot zu zweifeln am Text, dem die Musik die sakrale Qualität der Unbefragbarkeit verleiht« (Blumenberg 1988, S. 45), schreibt er in seinem späten Buch über die Matthäuspassion.

Eine fünfte und letzte Spur von Großzügigkeit, auch bereits hier in Lindau angeklungen, fand ich bei Verena Kast, und zwar in einem Zusammenhang, wo man Großzügigkeit gar nicht vermutet. Sie spricht über Verletzungen und über die Möglichkeit zu verzeihen, wobei Verzeihen nicht als moralische Forderung gemeint ist. Wörtlich heißt es: »Verzeihen meint, sich etwas zu versagen, den Anspruch auf Genugtuung oder Rache aufzugeben. Sich zu versöhnen bedeutet, eine Verfehlung, oder was wir für eine Verfehlung halten, schuldhaftes Verhalten, nicht mehr übel zu nehmen, sondern zu verzeihen und darüber hinaus wieder eine vertrauensvolle Verbindung herzustellen, auch wenn man nicht weiß, ob diese Verfehlung nicht erneut vorkommen wird. Das ist eine wichtige Voraussetzung. Natürlich hofft man, dass die Verfehlung nicht wieder geschieht, aber man kann es nicht wirklich wissen, und man darf es auch nicht wirklich erwarten. Es ist ein Brückenschlag über einen Abgrund hinweg – und alle wissen um den Abgrund, lassen aber diesen Abgrund nicht mehr das Leben bestimmen. Indem man sich entschließt, sich zu versöhnen, leistet man einen großen Vertrauensvorschuss. Man ist großzügig, großherzig.« (Kast 2007, S. 3)

Offenbar müssen Generosität und Großzügigsein nicht aufhören, wenn man jemanden verletzt oder selbst verletzt wird. Im Gegenteil: Man braucht gerade sie, die Großzügigkeit oder Großherzigkeit, um auf Rache oder einfache Genugtuung verzichten zu können. Ob und wie man für Verzeihen und Weitherzigkeit Phantasie, Möglichkeit oder Kraft bekommen kann und ob sich auch das Unverzeihliche irgendwie mit Großzügigkeit verbinden lässt, soll uns vorsichtig am Schluss noch einmal beschäftigen.

Ich fasse zusammen, was wir bereits über Großzügigsein, Weitherzigkeit und Generosität gesagt haben:

1. Sie haben etwas mit einer vielleicht erst den Älteren (oder den Kindern) möglichen Form der leicht anarchischen Ermutigung zu tun, Regeln und Normen – auf Zeit und sozusagen als genossene Nebenrealität – spielerisch, eigenständig und situativ angemessen anzugehen.

2. Zum Großzügigsein – als Bedingung ihrer Möglichkeit – gehört der Genuss. Großzügig ist der »Geschmack am guten Leben«, weil er eben auch bei überraschenden Widerfahrnissen standhalten lässt, und sei es nur mit einem kräftigen Schuss Humor, also mit großzügiger Selbstdistanz.

3. Zum Großzügigsein gehört wechselseitige Anerkennung. Sie verzichtet auf die Beruhigung einer »Fallgeschichte« und stellt so die Würde des Gegenübers sicher.

4. Bachs Passionsmusik, aber auch einige Kantaten können per Identifikation beim Hören eine Biographie verändern. Die Musik ist, weil sie auf exegetische Historisierung verzichtet und weil sie einen Text wieder zum Ritus machen kann, von »theologischer Großzügigkeit« (Blumenberg 1988, S. 45).

5. Schließlich braucht vertrauendes Verzeihen ein hohes Maß an Großzügigsein. Sie lässt auf Rache verzichten und kann verletzte zwischenmenschliche Beziehungen wiederherstellen.

3. Der kleine Schmerz oder Verzicht im Großzügigsein

Bei allen geschilderten Formen von Großzügigsein gab es allerdings auch ein Element des Verzichts, sozusagen einen kleinen Schmerz: Verzicht auf Rache, Verzicht auf nur historisch-kritische Textauslegung, Verzicht auf Durchsetzen des eigenen Anspruchs in der Anerkennung, situativen Verzicht auf das unbedingte Einhalten von Regeln.

Auch Verzicht auf Genuss? Wieso das? Ich fand bei Emmanuel Levinas dazu folgende Überlegung: Nur ein wirklicher Genießer wisse doch – sagt Levinas –, dass Genuss immer »Leben von etwas oder von jemandem« sei. Ich genieße in der, wie er sagt, Vereinzelung meines Ich. Ich drehe mich im Genuss genießend um mich selbst, wie als wenn sich ein Knäuel aufwickelt. Deswegen aber macht Levinas diesen Genuss des Ego nicht schlecht. Dazu war er selbst viel zu sehr französischer Genießer geworden. Im Gegenteil: Er wertet den Genuss oder den Geschmack am guten Leben noch auf! Genuss ist für ihn geradezu die Voraussetzung von Großzügigsein.

Wieso? Weil nur der- oder diejenige großzügiges Geben voll zu »schmecken« weiß, der oder die sich in einer Art Schmerz vom eigenen Genuss losreißt, um des Anderen willen. Es sei, so wörtlich ein »Sich-selbst-Entrissenwerden-wider-Willen«. Dieser Schmerz aber, dieses »Sich-selbst-Entrissenwerden wider Willen« sei geradezu die Bedingung der Möglichkeit von Großzügigkeit und Generosität. In seinen Worten: Genuss habe Sinn als ein »Sich-in-sich-selbst-Gefallen-des-Genießens-Entrissenwerden«. Man ringe sich das Brot ab, das man gerade verzehrt. Erst ein essendes Subjekt könne dem Anderen gegenüber großzügig sein, sagt Levinas mit Verweis auf Jesaja 58,7 (»Brich dem Hungrigen dein Brot, und die im Elend ohne Obdach sind, führe ins Haus!«): »Die Unmittelbarkeit des Sinnlichen ist die Unmittelbarkeit des Genießens und seiner Enttäuschung« (Levinas 1992, S. 168).

Warum ich dieses Verzichtsmoment in allen Arten von Großzügigsein und Genuss betone? Weil genau hier, in diesem eher kleinen Schmerz des Verzichts, der Unterschied liegt zwischen der gönnerhaften, manipulativen Großzügigkeit und der schenkenden, notwendigen geschenkten Gabe, der Gratifikation, der Grazie, der Gratia, der Gnade. Es geht um »Plena gratia«, jenseits von Tausch und Handel. Doch davon später.

Wir halten fest: Großzügigsein ist nicht gleich Großzügigsein. Es gibt mindestens zwei verschiedene Formen von Großzügigsein: manipulativ gönnerhaft, bis hin zum Zynismus die eine, notwendig schenkend und gratis die andere. Kurz und ungeschützt behauptet: Beim gönnerhaften Großzügigsein geht es darum, sich gut zu fühlen, bei der schenkenden darum, Gutes zu tun. Was das heißt, müssen wir uns genau ansehen. Denn wenn heute die Feuilletons von der »Rückkehr der mildtätigen Gabe« und der Notwendigkeit von Großzügigkeit sprechen, wenn wieder überall sogenannte Tafeln und Suppenküchen als großzügig gelten, dann wird diese Unterscheidung in gönnerhaft und notwendig unabdingbar.

4. Gönnerhafte Großzügigkeit

Durch manch kirchliches Handeln in dieser Hinsicht hellhörig geworden, möchte ich ein scheinbar entfernt liegendes Beispiel für gönnerhafte Großzügigkeit zitieren. Es stammt von einer britischen Wohlfahrtsorganisation (Charity Organization Society) aus dem 19. Jahrhundert:

Unter dem Motto »Nicht Almosen, sondern einen Freund« heißt es dort: »Am dringendsten benötigt der Arme heute nicht Almosen, sondern die Stütze wahrerer Freundschaft, einen wirklichen Freund, der seine Bildung, seine Erfahrung und seinen Einfluss, seine allgemeine Lebenserfahrung oder seine speziellen Kenntnisse auf hauswirtschaftlichem Gebiet in den Dienst derer stellt, die weder Intelligenz noch den Takt oder die Möglichkeit besitzen, den größtmöglichen Nutzen aus ihren geringfügigen Ressourcen zu ziehen.« (Zitiert in: Sennett 2010, S. 159.)

Es handelt sich deshalb um gönnerhaftes Großzügigsein, weil der Vergleich den wahren Freund herausstellt, der seinem minderbemittelten Bruder hilft, denn der hat nur »geringfügige Ressourcen«. Und die bilden dann die Kulisse, aus der der wahre Freund ins Rampenlicht tritt. Diese gönnerhafte Form der Großzügigkeit wird nie den Ruch des moralischen Eigennutzes ablegen!

Als weiteres Beispiel möchte ich auf die kalkulierte Großzügigkeit eingehen, und damit meine ich das kühl eingeschätzte Kalkül, Großzügigkeit rechne sich auf Dauer, sie zahle sich aus – eine »reziproke Großzügigkeit« also. Manche Biologen und neuerdings auch der »Glücksautor« Stefan Klein (2010) behaupten, unsere uneigennützige, durch Rücksicht auf andere gekennzeichnete Denk- und Handlungsweise sei unseren Genen einprogrammiert (Altruismus). Großzügiges und kooperatives Handeln lohne sich. Man fahre – jedenfalls auf Dauer – besser, so Klein, wenn man großzügig ist. Man habe es leichter, wenn man den anderen gute Absichten unterstellt und ihnen vertraut.

Auch funktioniere in unserem Hirnsystem die empathische Seite anders als unser gewohntes, auf schnellen Vorteil bedachtes strategisches Denken. Wenn ich großzügig bin, müsse ich nicht gleich strategisch sein, etwa: »Ich entbiete einen Gruß. Du gibst Antwort. Ich sorge für dich. Wir helfen einander.« Das seien Beispiele, wo ich nicht sofort an den Nutzen denke. Vertrauen erlange, wer nicht darauf aus sei, wer nicht aus Berechnung gebe. Hilfsbereitschaft schätzten wir umso mehr, je freigebiger sie sich uns zeige. Man müsse nicht die gegenseitige Anerkennung verlieren, wenn man großzügig gebe.[2]

Wir kommen mit solchen Argumentationen wie die von Klein in einen ebenso unübersichtlichen wie spannenden Bereich. Aber aus der Gefahr der Manipulation kommen wir nicht heraus. Es gibt eben gute Gaben und es gibt schlimme Gaben, so ein Buchtitel von Jean Starobinski (Starobinski 1994). Man kennt das noch beim Karneval, wenn Bonbons in die Menge geworfen werden, ein Relikt der feudalen »Sparsio«, des willkürlichen und scheinbar mildtätigen Ausstreuens von Gaben: Man gebrauche den Begriff »sparisio«, so Starobinsky, »um zu bezeichnen, was man verstreut, versprengt, fallen läßt, was am meisten der Aussaat ähnelt«. Die »Sparsio« bestehe darin, »die unterschiedlichsten Geschenke in die Menge zu werfen. Die so verstreuten Gegenstände heißen ›missilia‹ (wörtlich: Wurfgeschosse)« (ebd., S. 19). Viele königliche Feste, wie das vom Februar 1745, endeten, wie Starobinski anführt, mit einem solchen Gabenverstreuen in die Menge. »Als man von allen Seiten in die Säle wie in einen offenen Saal strömte, gab es eine jämmerliche Verwirrung. Sie wurden von der letzten Hefe des Volkes gefüllt: man warf Ochsenzungen, Cervelatwürste, das Brot und Truthahnteile von den Buffets in die Luft. Fang es wer kann! Das gab einen Tumult.« (Ebd., S. 37) Es bleibt nur noch zu erwähnen, dass sich die hohen Herren und Damen an diesem Verteilungskampf sehr delektiert haben.

Wir fassen zusammen: In diesen Gesten und Geschichten entpuppt sich Großzügigkeit vor allem als manipulativ, als Verachtung und sogar Zynismus. Die vermeintlich »guten Gaben« sind dann in Wahrheit »schlimme Gaben«. Die großzügige Gabe wirkt in diesen Gesten merkwürdig kontaminiert, vergiftet, könnte man sagen, und immer schon in den Kreislauf von Tausch, Verpflichtung und Schuld oder Schulden verflochten.

5. Großzügigkeit statt Gerechtigkeit oder die Rückkehr der Gabe?

Spätestens hier stellt sich die Frage, ob die großzügige Haltung nicht mit einem veraltetem Bild von menschlichen und vor allem sozialpolitischen Beziehungen einhergeht, wie ja auch das analoge Wort »Generosität« nahelegen könnte, das »von edlem Geschlecht herrührend« bedeutet. Das ist feudal, mit einem immer hierarchischen Gefälle. Ist es mit der Generosität vorbei, so wie mit den feudalen Herrschaftsformen? Wohl eher nicht. Zwar streuen wir heute nicht wahllos großzügige Geschenke aus, wir machen keine organisierten Plünderungen, brauchen keine Barmherzigkeit oder gar Almosen. Denn alles scheint sozialstaatlich und damit gerecht geregelt.

Aber weil der Staat nicht mehr unbedingt für soziale Gerechtigkeit sorgt, weil es ihm nicht gelingen will, die wachsende Zahl »Freigesetzter« in den Arbeitsmarkt oder auch nur in das Sozialgefüge der Gesellschaft zu reintegrieren (wer seinen Arbeitsplatz verliert, verliert immer mehr als nur diesen), und weil der Staat sich nicht nur aus der Wirtschaft, sondern zunehmend auch aus Bereichen des sozialen und öffentlichen Lebens, der Bildung und Kultur herauszieht, ist die karitative Gabe als Form von Großzügigkeit wieder gesellschaftsfähig geworden. Sie soll zur Lösung der gesellschaftlichen Probleme wesentlich beitragen. Diese Form großzügiger Gaben soll also – nun auch gesellschaftlich – der Entsolidarisierung entgegenwirken. Sie soll die Schere zwischen Armen und Reichen, Erwerbstätigen und Erwerbslosen, Marginalisierten und öffentlichen Personen schließen helfen.

Aber bevor wir uns den auch heute möglichen, wenn nicht sogar notwendigen nachfeudalen Formen von Großzügigsein, Freigebigsein und Generosität zuwenden, sei hier doch noch einmal die Frage gestellt, ob die geschilderten historischen und eher gönnerhaften Formen wirklich vorüber sind. Ich glaube nämlich, dass diese gönnerhaften und zum Teil verachtenden Gesten erhalten geblieben sind. Man muss sie nur zu entziffern verstehen – Decodieren ist hier das Stichwort (Starobinski 1994, S. 169).

- Das antike oder mittelalterliche Ausstreuen der Geschenke? Es könnte bei uns heute die als Geschenk verkleidete Ware sein.
- Das Aussäen abwerfbarer Güter? Die kostenlosen Proben, die man »dazu«bekommt, die Prämien und Gutscheine, die Schnäppchen – das sind moderne Formen ganzjähriger Saturnalien. Nur, dass man sie nicht mehr so nennt.
- Das organisierte Plündern? Es könnte das Wettrennen zum planetaren Büfett sein, das Gedränge vor geschmückten Tafeln und in den Vergnügungsparks.
- Die Barmherzigkeit? Das wäre heute der sogenannte humanitäre Betrieb, der gefilmte Wohltäter in der abendlichen Tagesschau vor dem Hintergrund der Nahrungslieferung.
- Almosenempfang? Es gab jüngst eine »künstlerisch« genannte Verteilung von Dollars an illegale Einwanderer an der Grenze der USA nach Mexiko. Die von den Einwanderern unterzeichneten Quittungen bilden am Ende das Kunstwerk (ebd., S. 170).
- Andeuten möchte ich auch den heute fast inflationären Gebrauch des Wortes »Spende«: Organspende, Blutspende, Spermaspende ...

Das alles sind auch heute noch (oder schon wieder) großzügige Formen von Gaben, die die alten großzügigen Gaben sogar in den

Schatten stellen, weil sie Todkranken wieder die Kraft zum Leben geben. Aber – und vielleicht ist das ein Unterschied zu früher, freilich keiner zum Besseren: Diese Spenden sind selten von einem spendenden Willen abhängig, es sind also keine Spenden des innersten Wesens, sondern sie sind eher aseptisch und kalt – meist auch vorübergehend tiefgefroren.

Die Geste dieser Form von Gabe hat die unzähligen Trugbilder von Freigebigkeit schon immer begleitet, zusammen mit dem Zweifel an der Großzügigkeit der Absichten und an der Legitimität der verstreuten Reichtümer. Ist diese Großzügigkeit ein Rückschritt gegenüber unseren bürgerlichen Rechts- und Sozialformen? Die Antwort lautet: Ja und Nein. Es fiel uns ja schon auf, dass wir heute Worte wie »Großzügigkeit«, »Freigebigkeit« oder gar »Nächstenliebe« seltener hören: Zu romantisch, nur gut gemeint! Da reden wir doch lieber von »Solidarität«. In »Solidarität« schwingt nämlich eine Forderung nach Gleichheit und Gerechtigkeit mit, ohne Herablassung. Von Freigebigkeit und Nächstenliebe geprägte Beziehungen können doch nicht die Grundlage sein für eine wechselseitige Anerkennung der Bürgerinnen und Bürger als Subjekte des Rechts, argumentieren die Gegner großzügiger Gesten. Großzügigkeit sei zwar schön, aber soziale und gesellschaftliche Gerechtigkeit sei wichtiger. Denn Gerechtigkeit achte darauf, dass alle zumindest gleiche Chancen bekommen und gleich behandelt werden. Das sei Freiheit, heißt es. Und obendrein erzeuge gerechtes Handeln weniger Neid.

Ich fasse diese Kritik an der großzügigen Haltung im Namen der Gerechtigkeit zusammen:

- Gerechtigkeit statt Großzügigkeit.
- Gerechtigkeit achtet auf das formale Gleichgewicht.
- Gerechtigkeit stellt sicher, dass niemand geschädigt oder übervorteilt wird.
- Gerechtigkeit setzt seitens der Vertragspartner keine Gefühle voraus, wie etwa Dankbarkeit.
- Gerechtigkeit bindet also die Partner nicht persönlich. Sie erzeugt nicht unbedingt ein soziales Band zwischen ihnen. »Sie

verteilt, begrenzt, beschützt, zwingt, verhindert, straft, bestätigt, beschließt. Sie verbindet zwei Individuen nicht.« (Hénaff 2009, S. 437.)

Meine Frage demgegenüber bleibt: Gibt es Brücken zwischen großzügigen Gesten und Gerechtigkeitsgesten? Und zwar ohne dass man

- auf der einen Seite nur die unpersönliche Beziehung in der Gerechtigkeit preist, also eine Banküberweisung als Sozialhilfe, eine Fürsorge ohne Mitgefühl,
- und auf der anderen Seite mit großzügigem Geben nur Gönner und Günstlinge produziert.

Beide Haltungen haben in ihrer Gegensätzlichkeit gute Argumente. Der Staat müsse seinen Bürgern das für den Lebensunterhalt notwendige Geld bereitstellen und ihnen zugleich die Entscheidung über dessen Verwendung lassen. Schluss mit der emotionalen Unterstützung. Schluss mit einer durch Mitleid begründeten Großzügigkeit. Das habe doch stets einen Beigeschmack von Verachtung.

Ich möchte solchen Vorschlägen gern folgen, allein meine Erfahrung macht mich skeptisch. Denn diese Idee der unpersönlichen Sozialhilfe zeugt doch von einem sehr pessimistischen Menschenbild: »Sie geht davon aus, dass man anderen ein Unrecht antut, wenn man sich persönlich und großzügig um sie kümmert.« (Sennett 2010, S. 173f.)

Ich möchte darum zwei eher verblüffende und vielleicht kaum nachvollziehbare Versuche vorstellen, wo diese Brücke zwischen Großzügigsein und gerechter Wirkung angedeutet sein könnte. Ich wage das einfach, immer in dem Bewusstsein, dass, wer sich – und sei es nur probehalber wie in diesem Vortrag – auf freigebiges, großzügiges, generöses Handeln beruft, damit rechnen muss, für ziemlich weltfremd gehalten zu werden. Zuerst erinnere ich an eine eher schelmische Spekulation, um mich dann anschließend – als Theologe erlaube ich mir das – auf ein Feld zu begeben, das eine

Form von Großzügigkeit eröffnen kann, die kaum menschenmöglich, aber menschennotwendig ist.

6. Das »Frei« in der Freigebigkeit

Erstes Beispiel: Vor drei Jahren und dann noch einmal später veröffentlichte der Karlsruher Philosoph Peter Sloterdijk zwei Artikel in der FAZ. Er schlug darin vor, dass Wohlhabende ihre Steuern freiwillig und aus Verantwortung für ihr Gemeinwesen selber geben sollten. Seine Argumentation gipfelte in der provokativen Spitze: »Die einzige Macht, die der Plünderung der Zukunft Widerstand leisten könnte, wäre nicht weniger als eine Revolution der gebenden Hand. Sie führte zur Abschaffung der Zwangssteuern und zu deren Umwandlung in Geschenke an die Allgemeinheit – ohne dass der öffentliche Bereich deswegen verarmen müsste.« (Sloterdijk 2009) Ich habe diesen Artikel eher als einen zum Denken anregenden, großzügigen Schelmenstreich gelesen. Hier versuchte einer, die großzügige und noble Seite menschlicher Gesinnung stark zu machen. Und das war mehr als bloßer Ausdruck einer hedonistisch-verantwortungslosen Nach-Achtundsechziger-Haltung, wie man unterstellt hat. Denn Sloterdijk weist nämlich in seinem Artikel auf das nie gelöste Problem zwischen Gleichheit (Egalité) und Freiheit (Liberté) hin. Wir alle betonten ständig die Gleichheit (bis hin zur Einheitsschule). Darüber aber komme das Freiheitsmotiv zu kurz.

Ob man diese Analyse nun teilt oder nicht: Sloterdijks Einlassung könnte daran erinnern, dass in dem Wort »Frei-gebigkeit« eine Freiheit enthalten ist. Das »Frei« geht sozusagen der »Gebigkeit« voraus: Ich gebe nur als freier Mensch großzügig. So wären wir zum Großzügigsein fähig in Verbindung mit erfahrener Freiheit. Welche Freiheit könnte das sein? Dazu ein kleiner Umweg:

Wir übersetzen die *eleuthería* von Aristoteles (Nikomachische Ethik) konventionell mit »Freiheit«. Das ist zu abstrakt. Eigentlich bedeutet dies Wort *eleuthería* (ἐλευθερία) nichts anderes als in selbstwüchsiger (autochthoner) Weise – gemäß den Sitten der Tradition – inmitten des eigenen Volkes zu leben und sich nicht der despotischen Willkür eines zu groß gewordenen Einzelnen unterordnen zu müssen (Sloterdijk 2011, S. 18f.). Heute gibt es bei uns solche freiheitsbedrohenden Despoten nur noch selten.

Heute macht etwas anderes Stress. Heute halten unser Staatswesen und wir individualisierten Bürgerinnen und Bürger (nach einer interessanten These von Heiner Mühlmann [1996], zitiert in: ebd., S. 30) dadurch zusammen, dass wir ständig und täglich in Erregung gehalten werden. Wir würden in Trab gehalten von immer neuen Einladungen, uns zu erregen, zu empören, gegenseitig zu beneiden, uns zu ängstigen und Indiskretionen aufzunehmen. Wir – sonst doch eher Individualisten – würden also zusammengehalten durch gemeinsame Erregungen, durch ständigen Erregungsstress. In dieser Situation werde frei, wer ein Erlebnis hat, dessen Urszene Peter Sloterdijk bei Rousseau findet (ebd., S. 20ff.):

Der alternde Philosoph Rousseau liegt in einem kleinen Boot träumend auf dem Bieler See in der Schweiz. Er habe dort in dieser Nussschale plötzlich, wie er sagt, nichts außer sich selbst und die eigene Existenz erlebt, und dann heißt es wörtlich: »Solange dieser Zustand anhält, genügt man sich selbst wie Gott. Das Existenzgefühl als solches, von allen anderen Affekten entkleidet, ist durch sich selbst ein wertvolles Empfinden von Frieden und Zufriedenheit, und bereits dies allein würde genügen, diese Existenz demjenigen lieb und teuer zu machen, dem es gelänge, die sinnlichen und irdischen Eindrücke fernzuhalten, die uns sonst unablässig von ihr abziehen.« (Zitiert in: ebd., S. 25) Sich selbst genügen. Freiheit als eine Art »erlesener Unbrauchbarkeit, in dem der Einzelne (sic!) ganz bei sich ist, und zwar weitgehend losgelöst von seiner alltäglichen Identität. [...] Frei ist demnach, wem die Eroberung der Sorglosigkeit gelang. Freiheit im aktuellsten Sinn erfährt, wer eine sublime Arbeitslosigkeit in seinem Inneren entdeckt – ohne sich gleich bei einer Vermittlungsagentur zu melden.« (Ebd., S. 27) Und Sloterdijk fügt noch hinzu, »das Entscheidende an diesen Entdeckungen ist das Fehlen jedes Bezugs auf Leistungen.« (Ebd.)

Ehe uns nun gleich Gegenargumente und bessere Bestimmungen von Freiheit einfallen, tun wir gut daran, einen Augenblick zu verweilen. Abgesehen davon, dass die Mystikerinnen und Mystiker schon lange vor Rousseau solche Erlebnisse schildern, gilt festzuhalten: Man findet (oder einem widerfährt zuweilen) die Möglichkeit, großzügig aus der Stressrealität herauszutreten, sofern man unter Realität das versteht, »was nach ihrem temporären Vergessen wieder da ist und seine Ansprüche geltend macht« (ebd. S. 36).

Solche Freiheitserfahrungen seien ansteckend, so Sloterdijk, der es wissen muss. Hinweise auf den Wunsch nach ihnen fänden wir zum Beispiel (ebd., S. 39) in der Sprache von Jugendszenen. Worte wie »flippen, abhängen, driften, relaxen, chillen« und neuerdings auch »hartzen« (als eine »vielfältig nuancierte Untätigkeit am Rand der Wirklichkeitszonen«) deuteten darauf hin. Hier geschehe Realitätsauflösung durch Entspannung und Gesellschaftsauflösung durch Stressfreiheit. Unsere Freiheit also liegt – unter dem Gesichtspunkt von Goßzügigsein – nicht darin, dass wir tun können, was wir wollen, sondern dass wir nicht müssen, was wir nicht wollen.

Warum referiere ich diese Erinnerung an eine Quelle moderner Freiheit, welche in unserer Herauslösung aus der Sphäre gemeinsamer oder objektiver Sorgen besteht? Einmal, um sie nicht gleich wieder zu denunzieren. Denn wenn von dieser Freiheit gekostet wurde, lässt sie sich nicht mehr aus der Welt schaffen. Zum anderen, weil diese Erfahrung überhaupt erst wahres Großzügigsein ermöglicht.

Denn sieht man näher hin, dann bleiben wir (oder diese von aller Sorge temporär freigesetzten Exemplare) nie dauerhaft am Punkt der Unerreichbarkeit wie Rousseau auf dem Boot im See. Sobald wir diese Freiheit einmal geschmeckt haben – das kann man wirklich erfahren –, entdecken wir zugleich in uns eine nahezu »grenzenlose Erreichbarkeit für Anrufe aus dem Realen« (Sloterdijk 2011, S. 56), auch für Großzügigsein, Freigebigsein und Generosität.

Wir können vermuten, dass wir bisher die Fähigkeiten zum Großzügigsein, zur Freigebigkeit und zur Generosität nur an den falschen Orten gesucht haben, in unserem guten Willen zum Beispiel oder im Akt der Wahl oder – neuerdings – im Gehirn. Und Sloterdijks Anregungen zeigen: Vergessen haben wir häufig, dass das »Frei« in Freigebigkeit seine Quelle in der noblen Gesinnung hat, in der Großzügigkeit, in der Entlastung von dem, was einen bedrängen und unbedingt einbinden will. Man kommt also verändert zurück und lässt sich nicht mehr jede Gemeinheit gefallen. Man wird wieder – diesmal aber freiwillig – sozial verantwortlich, könnte man sagen. Und eben darin dann auch großzügig, gebend und sich mitteilend.

7. Die Verzeihung des Unverzeihlichen: Vergebung als Möglichkeit unmöglicher Großzügigkeit

Dieses Potential hat die bessere religiöse Tradition auf ihre Weise immer schon erfahren. Dort ist es üblich, die Sorge um Gabe und Gegengabe einfach an die andere Seite abzugeben und zu delegieren. Und dann heißen die Entgegennahmen Wohltat, Sättigung, Dankbarkeit, Vergebung und Segen.

Ich greife hier nur die Vergebung in Anlehnung an Verena Kasts Überlegungen zum Verzeihen heraus. Wir erinnern uns: Sie hatte »Verzeihen« als eine Art Brückenschlag über den Abgrund bezeichnet: »Alle wissen um den Abgrund, lassen aber diesen Abgrund nicht mehr das Leben bestimmen. Indem man sich entschließt, sich zu versöhnen, leistet man einen großen Vertrauensvorschuss. Man ist großzügig, großherzig.« (Kast 2007, S. 3) Ohne Verzeihen, sagt auch Hannah Arendt in ihrer politischen Theorie, blieben wir an die Folgen unsres Gebens und Nehmens und unsres Handelns im Lebensprozess gekettet. Es ließe sich nichts mehr ungeschehen machen. Man brauche eine Kultur des großzügigen Verzeihens als eine Art Rettungsanker. Für Hannah Arendt ist unsere Fähigkeit zu verzeihen ein »Heilmittel gegen Unabsehbarkeit« (Arendt 1994,

S. 301) und Unwiderruflichkeit. Es sei Jesus von Nazareth gewesen, der dieses Heilmittel und seine Kräfte innerhalb des Bereichs menschlicher Angelegenheiten zuerst gesehen und entdeckt habe. Wo es kein Verzeihen gebe, bleibe eigentlich nur Rache als Kompensation für entstandenes Unrecht (ebd. S. 306ff.).

»Verzeihen« leitet sich ab von »zeihen« = »zeigen«, »auf etwas weisen«, »anklagen«, wobei die Vorsilbe »ver-« zwei Bedeutungen nahelegt: »über etwas hinausweisen« und »nicht anklagen«. Im Verzeihen steckt somit immer auch ein Anteil an Übersehen, Nichtbeachten, Außer-Kraft-Setzen des Geschuldeten. »Verzeihen nimmt selbst den eigenen Verlust in Kauf, um den Schuldner zu entlasten.« (Gerl-Falkowitz 2008, S. 174.)

Vergeben sieht vielleicht noch klarer. Vergeben ist, wie schon der Name sagt, eine Art des Gebens oder besser des Nehmens oder Schenkens. Sie ist – und das klingt auch im Wortstamm »geben« an – eine Gegebenheit, wie auch unser Leben eine Gegebenheit ist. Wir sprechen ja auch zuweilen von der Gabe unsres Lebens. Unser Leben stellt sich sozusagen großzügig ein. So auch beim Vergeben. Sie ist eine Gegebenheit. Sie erscheint und überrascht diejenigen, die sich ihr ausliefern.

Zurückgehend auf die althochdeutsche Wendung »geban« für »geben«, mit der Vorsilbe »ver-«, meint Vergeben wieder ein »Darüberhinaus«: entweder als ein »verdrehtes Geben« oder als Überschuss einer einseitigen Vor-gabe in großzügiger, unberechenbarer Größe – sie gibt sozusagen aus dem eigenen Reichtum mehr als den Ausgleich. Sie ist unberechenbare Gabe.

Wie aber kommt man nun von dieser Gabe, vom »don« zum »pardon«, von der Gabe zur Vergebung? Hier wird es außerordentlich komplex, zumal im Blick auf das mörderische 20. Jahrhundert. So hat sich Vladimir Jankélévitch (1903–1985) mit seinem bitteren Essay »Pardonner?« (1971) leidenschaftlich gegen die Möglichkeit dieser Geste ausgesprochen (Jankélévitch 2003). Seine Begründung lautete: Verbrechen in der Größenordnung von Auschwitz bedeuteten eine gleichsam ontologische Enthumanisierung. Sie können nicht mit Versöhnung zugedeckt werden. Verbrechen gegen die

Menschlichkeit (Dehumanisierung) dürften keine Entschuldung kennen. »Es ist das Sein des Menschen selbst, Esse, das der rassistische Genozid im schmerzenden Fleisch dieser Millionen von Märtyrern zu vernichten versuchte. [...] Jedes Mal, wenn ein Akt das Wesen des Menschen als Mensch leugnet, widerspricht die Verjährung, die darauf hinauslaufen würde, ihm im Namen der Moral zu vergeben, ihrerseits der Moral.« (Jankélévitch 2003, S. 247)

Behutsam antwortet ihm sein Kollege Jacques Derrida in einer Weise, die meines Erachtens der Haltung des Großzügigseins als tatsächlich vorkommendes Ereignis am besten gerecht wird. Derrida sagt: Wenn man nur bereit wäre zu verzeihen, was verzeihbar ist (lässliche Sünden), dann würde sich »Vergebung« verflüchtigen. Denn, so Derrida, das Vergeben verzeiht nur das Unverzeihliche: »Die Vergebung wendet sich an das Unverzeihliche oder sie ist nicht.« (Derrida 2000, S. 11, zitiert nach Gerl-Falkowitz 2008, S. 195) Was so viel bedeutet wie, dass sich Vergeben immer als Unmögliches ankündigen muss. Es kann nur möglich werden, wenn es das Un-mögliche tut. Jedes Mal, wenn Vergeben im Dienste eines Zwecks steht, sei er noch so ehrenhaft, wenn man also versucht, Normalität herzustellen, ist es nicht Vergebung. Denn Vergebung ist weder normal noch normativ oder normalisierend. Sie bleibt Ausnahme und ist außergewöhnlich. »Vergebung ist die Erprobung des Unmöglichen, als ob der gewöhnliche Lauf der historischen Zeitlichkeit unterbrochen würde.« (Ebd.) Sie sei unbedingt und kenne keine Ausnahme und keine Beschränkung. Deswegen gehört »Vergebung« und ihre Großzügigkeit nicht in die Ordnung des Austausches (horizontal), sondern sie ist eine Beziehung zwischen »Höhe« und »Tiefe« (vertikal).

Vergebung überbrückt den Abgrund der Schuld. Dies ist für Vergebung konstitutiv. Sie begleitet uns also wie ein Rätsel und ist gleichwohl in der Lage, uns abzukoppeln vom Vermögen zur bösen Tat, von unseren schlimmen Gaben. So kann Vergebung so etwas wie eine großzügige Entbindung von der Bindung selbst an das unverzeihliche Verbrechen bewirken.

Um aber die Großzügigkeit am Schluss auf eine vielleicht näher liegende Ebene zu bringen: Großzügigkeit muss gar nicht immer so unmöglich sein wie bei der großzügigen Vergebung. In seinem wunderbaren Essay über die Freundschaft antwortet Michel Montaigne (1533–1592) auf die Frage, worin denn das Großzügige seiner Freundschaft zu Etienne de la Boétie lag:»Weil er er war, weil ich ich war.« (Montaigne 1998, S. 101) Mit dem Geschenk der Freundschaft überschreitet die Gabe den Horizont, der durch die Ordnung und Logik von Tausch und Ökonomie bestimmt wird. Sie stellt deren Dominanzanspruch in Frage. Und es findet im Phänomen der Gabe eine Lösung vom Primat des Subjekts und seinen Interessen statt. Sie ist Zeugnis für die Würde der beteiligten Personen, deren Tun nur angemessen und sinnvoll als Ausdruck (und Anerkennungspraxis) ihrer Freiheit erscheint. »Weil er er war, weil ich ich war.«

Anmerkungen

1   In Jean Starobinskis *Gute Gaben, schlimme Gaben* wird eine ähnliche Szene erwähnt, die er in Goethes *Dichtung und Wahrheit* gefunden hat, vgl. Starobinski (1994), S. 123.

2   Der in San Diego lehrende französische Philosoph und Anthropologe Marcel Hénaff hat diese sozialintegrative Funktion des Gabentausches in Begriffen der Anerkennung ausbuchstabiert. Damit bekommt die großzügige Gabe auf unerwartete Weise Anschluss an die sozialtheoretische Debatte um den normativ geprägten Anerkennungsbegriff. (Henaff [2009], besonders S. 202–207, etwa:»Die Herausforderung der Gabe provoziert und beschwört zugleich. Sie beschwört das Vertrauen und beruhigt insofern, als sie alles gibt.« [S. 210.])

Literatur

Arendt, H. (1994): Vita activa oder vom tätigen Leben. 8. Aufl. Piper, München.

Bataille, G. (1975): Der verfremdete Teil. Das theoretische Werk. Bd. 1. Matthes Seitz, München.

Benjamin, W. (1972): Gesammelte Schriften. Band IV. Teil 1. Herausge-
geben von T. Rexroth. Suhrkamp, Frankfurt am Main.

Blumenberg, H. (1988): Matthäuspassion. Suhrkamp, Frankfurt am
Main.

Derrida, J. (2000): Das Jahrhundert der Vergebung. Verzeihen ohne
Macht – unbedingt und jenseits der Souveränität. Interview mit
Michel Wieviorka. In: Lettre International, Nr. 48, S. 10–18.

Emrich, H. M. (2001): Vom Wert der Werte. Zur philosophischen Psychologie des Anerkennens. In: Egner, H. (Hg.): Neue Lust auf Werte.
Herausforderung durch Globalisierung. Walter, Düsseldorf/Zürich
2001, S. 163–180.

Gerl-Falkowitz, H.-B. (2008). Verzeihung des Unverzeihlichen? Aus-
flüge in Landschaften der Schuld und der Vergebung. Bibliothek der
Unruhe und des Bewahrens. Bd. 14. Styria, Wien/Graz/Klagenfurt.

Hénaff, M. (2009): Der Preis der Wahrheit. Suhrkamp, Frankfurt am
Main.

Jankélévitch, V. (2003): Verzeihen. (Pardonner?). In: Das Verzeihen.
Essays zur Moral und Kulturphilosophie. Suhrkamp, Frankfurt am
Main, S. 243–282.

Kast, V. (2007). Wege zur Versöhnung. 2. Aufl. Kreuz, Stuttgart.

Klein, S. (2010): Der Sinn des Gebens. Warum Selbstlosigkeit in der Evo-
lution siegt und wir mit Egoismus nicht weiterkommen. S. Fischer,
Frankfurt am Main.

Levinas, E. (1992): Jenseits des Seins oder anders als Sein geschieht.
Alber, Freiburg/München.

Luks, F. (2010): Endlich im Endlichen. Warum die Rettung der Welt
Ironie und Großzügigkeit erfordert. Metropolis, Marburg.

Montaigne, M. de (1998): Über die Freundschaft. In: Essais. Erste
Moderne Gesamtübersetzung von Hans Stilett. Eichborn, Frankfurt
am Main, S. 98–104.

Mühlmann, H. (1996): Die Natur der Kulturen. Entwurf einer kultur-
genetischen Theorie. Springer, Wien / New York.

Reddemann, L. (2006): Überlebenskunst. Klett-Cotta, Stuttgart.

Riedel, I. (1996): Wir Kinder und Enkel des Krieges. In: Egner, H. (Hg.): Macht, Ohnmacht, Vollmacht. Walter, Zürich/Düsseldorf, S. 229–238.

Riedel, I. (2001): Zu Werten motivieren. Vom Umgang mit Werten in der Psychotherapie. In: Egner, H. (Hg.): Neue Lust auf Werte. Herausforderung durch Globalisierung. Walter, Düsseldorf/Zürich.

Schönfelder, T. L. (1995): Der Lebensübergang ins Alter. In: Egner, H. (Hg.): Lebensübergänge oder der Aufenthalt im Werden. Walter, Solothurn/Düsseldorf 1995, S. 97–113.

Sennett, R. (2010): Respekt im Zeitalter der Ungleichheit. 3. Aufl. Berlin Verlag, Berlin.

Sloterdijk, P. (2009): Die Revolution der gebenden Hand. In: FAZ vom 13.6.2009. http://www.faz.net/aktuell/feuilleton/debatten/kapitalismus/die-zukunft-des-kapitalismus-8-die-revolution-der-gebenden-hand-1812362.html (Zugriff: 3.7.2012).

Sloterdijk, P. (2011): Stress und Freiheit. Suhrkamp, Frankfurt am Main.

Starobinski, J. (1994): Gute Gaben, schlimme Gaben. Die Ambivalenz sozialer Gesten. Suhrkamp, Frankfurt am Main.

Anhang

Zitatnachweis

43f., 45f., 46, 48f. Aus: D. Titze: Überzeichnungen. In: Wild, B. (Hg.): Humor in Psychiatrie und Psychotherapie. 1. Aufl. Schattauer, Stuttgart 2012, S. 148–163.

126, 128 Aus: Wunibald Müller: Gönne dich dir selbst. © Vier-Türme GmbH, Verlag, Münsterschwarzach.

130f. Aus: Wunibald Müller: Du sollst Leib und Seele ehren. © 2011, Kösel-Verlag, München, in der Verlagsgruppe Random House GmbH.

140f. Aus: Wunibald Müller: Erfahrungen des Ewigen. © 2006, Kösel-Verlag, München, in der Verlagsgruppe Random House GmbH.

Bildnachweis

32 Abb. 1: Lachender Demokrit/weinender Heraklit. Künstler unbekannt.

33 Abb. 2: Chas Addams: Wer macht den Bildern Angst? Aus: Addams and Evil. Simon & Schuster, New York 1947.

39 Abb. 3: Kinderzeichnung. Junge, 2 Jahre, 11 Monate, Bleistift, Papier, DIN-A4. Aus: D. Titze/Hochschule für Bildende Künste, Dresden (Hg.): Zeichen setzen im Bild. Zur Präsenz des Bildes im kunsttherapeutischen Prozess. Sandstein, Dresden, S. 117.

41 Abb. 4: Impulsverlauf. Seminararbeit Hochschule für Bildende Künste, Dresden, 2011, je Bleistift, Papier, DIN-A4.

42 Abb. 5: Bilderweiterung des Impulsverlaufs. Seminararbeit Hochschule für Bildende Künste, Dresden, 2011, Gouache, 70 × 50 cm.

47 Abb. 6: Spiegelbildsequenz. Seminararbeit Hochschule für Bildende Künste, Dresden, 2011, je Bleistift, Papier, DIN-A4. Aus: D. Titze (2012): Überzeichnungen In: Wild, B. (Hg.): Humor in Psychiatrie und Psychotherapie. 1. Aufl. Schattauer, Stuttgart 2012, S. 156f.

51 Abb. 7: Körperbildprojekt (Treppenhaus »Sportler«). Foto: David Brandt. Aus: Hellinger, T./Titze, D./Hochschule für Bildende Künste, Dresden (Hg.) (2007): Wir sind schon da. Ein Körperbildprojekt. Sandstein, Dresden, S. 65.

76 Das supervisorische oder Coaching-Viereck. Erstellt von Marga Löwer-Hirsch, nach: Weigand, W. (1987): Zur beruflichen Identität des Supervisors. In: Zeitschrift Supervision, Heft 11, S. 19–35.

Kurzbiografien

Petra Bahr
Berlin. Dr. theol., Pfarrerin, seit 2006 Kulturbeauftragte des Rates der Evangelischen Kirche in Deutschland (EKD) und Leiterin des Kulturbüros. Nach journalistischer Ausbildung Studium der evangelischen Theologie und Philosophie in Münster, Wuppertal und Jerusalem, danach bis 2005 Referentin für Theologie, Recht und Politik an der Forschungsstätte der Evangelischen Studiengemeinschaft e. V. (FEST) in Heidelberg. Promotion an der Universität Basel. Sie lehrte Religionsphilosophie und Ethik an der Universität Frankfurt/M. Seit 2010 ist sie Eisenhower-Fellow und Kolumnistin bei *Christ und Welt* sowie in der *ZEIT*. Veröffentlichungen u. a. zu den Themen: *Genuss* (2009), *Haltung zeigen. Ein Knigge nicht nur für Christen* (2010), *Die unverschämte Gesellschaft. Eine Kulturkritik* (Nov. 2012).

Brigitte Dorst
Münster. Prof. Dr. phil., Diplom-Psychologin, approbierte Psycho-
therapeutin und Jung'sche Psychoanalytikerin, Professorin für Psychologie, Trainerin für Gruppendynamik, Supervisorin, Wissen-
schaftliche Leiterin der Internationalen Gesellschaft für
Tiefenpsychologie e. V., 1. Vorsitzende der C. G. Jung-Gesellschaft
Köln e. V., Leiterin des Sophia-Zentrums für Meditation und spirituelle Psychologie in Münster. Arbeitsschwerpunkte: Spiritualität,
Gruppenpsychologie, weibliche Identität, Symbolik. Zahlreiche
Veröffentlichungen, zuletzt: *Therapeutisches Arbeiten mit Symbolen*
(2007), *Lebenskrisen. Die Seele stärken durch Bilder, Geschichten
und Symbole* (2010).

Thomas Jorberg
Bochum. Diplom-Ökonom, seit 1986 bei der GLS Bank tätig, seit
1993 Vorstand, seit 2003 Vorstandssprecher und seit 1995 Grün-
dungsvorstand bei der GLS Beteiligungs AG und Initiator der
Energiefonds, seit 2005 Aufsichtsratsvorsitzender der Elektrizitäts-
werke Schönau Verwaltungs GmbH, seit 2009 Aufsichtsratsmit-
glied der Hannoverschen Kassen sowie Steering-Committee-Mit-
glied der GABV (Global Alliance for Banking on Values). Im Jahr
2010 erhielt er den B. A. U. M.-Umweltpreis, mit dem sein hohes
Engagement für eine nachhaltige Gesellschaftsentwicklung und
einen werteorientierten Umgang mit Geld honoriert wurde. 2011
wurde er zudem mit dem Deutschen Fairness-Preis ausgezeichnet.

Verena Kast
St. Gallen. Prof. Dr. phil., Professorin für Psychologie und Psycho-
therapeutin in eigener Praxis, Dozentin und Lehranalytikerin am
C. G. Jung-Institut Zürich, Vorsitzende der Internationalen Gesell-
schaft für Tiefenpsychologie e. V., Mitglied der Wissenschaftlichen
Leitung der Lindauer Psychotherapiewochen. Arbeitsschwerpunkte:
Psychologie der Emotionen, Grundlagen der Psychotherapie. Ver-
öffentlichungen u. a. zu Kreativität, Trauern, Freude, Neid, Angst,
Partnerschaft, Krisen, Symbolik, zuletzt: *Träume* (2006), *Die Tie-*

fenpsychologie nach C. G. Jung (2007), *Loslassen und sich selber finden* (2009), *Was wirklich zählt, ist das gelebte Leben* (2010), *C. G. Jung: Ausgewählte Schriften* (2011, hg. zus. mit I. Riedel), *Imagination* (2012), *Die Blume des Glücks* (2012). kast@swissonline.ch

Marga Löwer-Hirsch

Düsseldorf. Dr. phil., Psychologische Psychotherapeutin, Supervisorin (DGSv) und Senior Coach (DBVC). Sie arbeitet in freier Praxis, leitet das Institut für Analytische Supervision (ASv) an der Akademie für Psychoanalyse und Psychosomatik Düsseldorf und ist Vorstandsmitglied des Instituts für Psychodynamische Organisationsentwicklung und Personalmanagement (POP). Ihre Arbeitsschwerpunkte sind die Psychoanalyse und Beziehungsanalyse in ihren Anwendungsfeldern Supervision und Coaching sowie die psychoanalytische Betrachtung von Filmen. www.loewer-hirsch.de

Wunibald Müller

Münsterschwarzach. Dr. theol. Dipl.-Psych., Psychotherapeut. Seit 1991 Leiter des Recollectio-Hauses der Abtei Münsterschwarzach. Veröffentlichungen im Bereich Spiritualität und Lebenshilfe, u. a.: *Küssen ist beten. Die Sexualität als Quelle der Spiritualität* (2003), *Wenn der Geist die Seele berührt. Für eine dynamische Spiritualität* (2007), *Ich wage mich in meine Dunkelheit. Der Depression begegnen* (2009), *Verschwiegene Wunden. Sexuellen Missbrauch in der katholischen Kirche erkennen und verhindern* (2010), *Schuld und Vergebung. Befreit leben* (2010), *Gönne dich dir selbst. Von der Kunst, sich gut zu sein* (2011), *Du sollst Leib und Seele ehren. Für eine heilsame Spiritualität* (2011).

Christiane Neuen

Münster/Ostfildern. Dr. phil., Lektorin für Psychologie und Lebenshilfe, seit 2004 (Mit-)Herausgeberin der Tagungsbände der Internationalen Gesellschaft für Tiefenpsychologie e. V.

Wolfgang Teichert
Hamburg. Theologe und Publizist, Wissenschaftlicher Leiter der Internationalen Gesellschaft für Tiefenpsychologie e. V. Seit 2004 leitet er die Christliche Akademie in Hamburg. Vorher war er 20 Jahre lang Leiter der Evangelischen Akademie Nordelbien. Zehn Jahre lang arbeitete er als Publizist beim Deutschen Allgemeinen Sonntagsblatt. Er ist Lehrbibliodramatiker (GfB). Seit über 30 Jahren ist er Mitglied der IGT.

Doris Titze
Dresden. Professorin, leitet seit 2002 den Aufbaustudiengang KunstTherapie an der Hochschule für Bildende Künste, Dresden, mit Schwerpunkt der Formanalytischen KunstTherapie. Lehramtsstudium für Grund- und Hauptschule in München, Studium der freien Grafik und Malerei sowie Aufbaustudium Bildnerisches Gestalten und Therapie. Sie ist seit 1980 künstlerisch, seit 1988 kunsttherapeutisch tätig, Dozentin an verschiedenen Hochschulen, seit 2004 Referentin der Lindauer Psychotherapiewochen und hatte von 1997 bis 2002 eine Professur an der HKT Nürtingen. Seit 2004 ist sie Herausgeberin der Reihe *Die Kunst der KunstTherapie;* der letzte Doppelband *Zeichen setzen im Bild* erschien 2012.

Alina Treiger
Oldenburg. Rabbinerin, geboren in Poltawa/Ukraine, Studium an der Musikakademie, Ausbildung am »Machon-Institute for Jewish Studies« zur Gemeindearbeiterin, rabbinisches Studium am Abraham Geiger Kolleg in Potsdam und parallel dazu Jüdische Studien, Religionswissenschaften und Psychologie an der Universität Potsdam, einjähriger Studienaufenthalt am Steinsaltz Center in Jerusalem.

2010 Ordination zur Rabbinerin, Thema ihrer rabbinischen Abschlussarbeit war: »Erziehung der Kinder zu den Geboten«. Veröffentlichungen von Radiobeiträgen zu religiösen jüdischen Themen im NDR. Sie ist Rabbinerin der jüdischen Gemeinden zu Oldenburg und Delmenhorst.

Ralf T. Vogel
Ingolstadt. Prof. Dr. phil., Dipl.-Psych., Psychologischer Psychotherapeut, Verhaltenstherapeut und Psychoanalytiker, Lehranalytiker u. a. am C. G. Jung-Institut München, Honorarprofessor für Psychotherapie und Psychoanalyse an der Hochschule für Bildende Künste in Dresden, Mitglied des wissenschaftlichen Beirates der Lindauer Psychotherapiewochen, Veröffentlichungen u. a. zu psychotherapeutischer Methodenkombination, Analytischer Psychologie, Tod und Sterben, zuletzt: *Den Abschied vom Leben verstehen* (2012, hg. zus. mit E. Frick).